2017年重庆市社会科学规划重点应用项目
“全面深化改革进程中职务腐败预防机制研究”
（项目编号：2017ZDYY53）

重庆市高校舆情与思想动态研究资政中心资助

中国大学学术规范化与治理研究

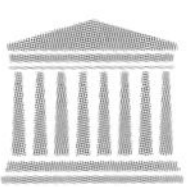

文丰安 / 著

中国社会科学出版社

图书在版编目（CIP）数据

中国大学学术规范化与治理研究/文丰安著．—北京：
中国社会科学出版社，2018.7
ISBN 978－7－5203－2488－5

Ⅰ.①中…　Ⅱ.①文…　Ⅲ.①高等学校—学术研究
Ⅳ.①G644

中国版本图书馆 CIP 数据核字(2018)第 097149 号

出 版 人　赵剑英
责任编辑　刘晓红
责任校对　周晓东
责任印制　戴　宽

出　　版　中国社会科学出版社
社　　址　北京鼓楼西大街甲 158 号
邮　　编　100720
网　　址　http：//www.csspw.cn
发 行 部　010－84083685
门 市 部　010－84029450
经　　销　新华书店及其他书店

印　　刷　北京明恒达印务有限公司
装　　订　廊坊市广阳区广增装订厂
版　　次　2018 年 7 月第 1 版
印　　次　2018 年 7 月第 1 次印刷

开　　本　710×1000　1/16
印　　张　13.25
插　　页　2
字　　数　193 千字
定　　价　59.00 元

凡购买中国社会科学出版社图书，如有质量问题请与本社营销中心联系调换
电话：010－84083683

前　言

习近平总书记在2016年5月17日召开的哲学社会科学工作座谈会上强调：当代中国正经历着我国历史上最广泛而深刻的社会变革，这是一个需要理论而且一定能够产生理论的时代，这是一个需要思想而且一定能够产生思想的时代。科学研究是以诚实守信为基础的事业。纵观科学发展的历史，可以清晰地看出，求真务实、为追求真理而献身的科学精神是推动科学事业发展的不竭动力。在科学研究中，科研工作者应当恪守科学价值准则以及科研活动的道德与制度规范。但是自20世纪80年代以来，在世界范围内出现了许多违反科研道德及制度规范的事件，这些事件的发生使学术诚信问题日益成为人们关注的焦点，也使学界、政界乃至社会各界人士开始反思科研活动本身。因此，研究针对学术不规范行为而提出的学术诚信问题，就具有了特别重要的理论和现实意义。

学术不规范需要进行治理，学术诚信需要重塑。本书正是在这一背景下，通过系统的理论研究与实证调查分析，研究中国大学学术不规范的表现形式、危害以及影响因素，以期为净化我国大学学术环境、重塑学术诚信提供系统性的治理对策。

目　录

第一章 绪论

第一节 学术诚信建设问题研究背景与缘起

朱九思先生是我国著名的高等教育学家，他曾在《大学生命的真谛》一文中分析指出，大学的根本特征可以用“学术”二字来进行概括。如果说大学就是高耸云端的宝塔，那么学术就是宝塔上璀璨的耀眼明珠。学术的深层含义在于提升一个民族的整体素质和思辨省悟的深度、广度和高度，进而推动整个社会的物质和精神文明发展。在目前以经济建设为中心的发展阶段，学术被视作科学技术发展的催化剂和助推器，学术的发展与经济建设有着密切的联系，同时也关系到科教兴国战略、人才强国战略以及可持续发展战略的顺利实施，学术已经逐渐成为一种衡量大学学术声望和社会地位的基本指标。在21世纪之初，我国高等教育事业在取得飞跃式突破发展的同时，学术研究也是硕果累累。在取得成绩的同时，也出现了一些令人困惑的问题，在我国社会经济体制转型时期，由于受到一些“急功近利”“心浮气躁”的社会风气的影响，大学里的学术不端行为日益凸显，现已经引起学术界各层人士的高度重视和整个社会的普遍关注。学术研究是一项需要终身经营的事业，学术声誉是学术研究的生命之基。在这方面，世界科学大师和我国老一辈科学家为我们做出了很好的榜样。法拉第、牛顿、爱因斯坦一生保持着对科学孜孜不倦的探索欲望，研究的目的只在于推动科学的进步；我国老一辈科学家竺可桢、师昌绪等，耐得住寂寞、坐得住冷板凳，不求名利，沉下心来做学问，在为学之道上勤勤恳恳、脚踏实地。唯其如此，才取得了杰出的成就。“立言先立德，立文先立人。”知识分子是社会的良心，更应该以身作则，以自身言行为世人之规范，成为社会文化和社会风气的引领者。如果说现代化是一幢摩天大厦，诚信便是它坚强的基石。有它支撑，大厦才会巍然屹立。一旦诚信缺失，人们就会失去安全感，社会就会丧失凝聚力，个人的梦、国家的梦都将遥不可及。

进入21世纪之后，学术诚信建设问题越来越受到学界乃至政界人士的广泛关注。国务院也引起高度重视，将“加强学术诚信建设”列入政府工作报告，把“推动科技进步和创新”作为政府工作的一项重要内容。教育部先后发布了《关于加强学术诚信建设的若干意见》《高等学校哲学社会科学研究学术规范（试行)》以及《关于进一步加强和改进师德建设的意见》，对于学术诚信和学风建设起着重要的促进作用。2006年5月10日，教育部又出台了《关于树立社会主义荣辱观进一步加强学术诚信建设的意见》，要求各个地方的教育部门、教育科研机构以及大学必须认真贯彻落实意见精神，采取有效措施积极抓好本单位的学术诚信规范建设。社会主义荣辱观是社会主义道德规范的基本要求，是中国传统美德与时代结合的有机整体，涵盖了个人、集体与国家，三者之间的关系，也是社会主义精神文明建设对高等学府的起码要求，对加强学术诚信和学风建设具有积极的引导作用。

大学作为传播知识、培养人才以及科技创新的重要之地，被看作社会文明的重要标识和人类道德的标杆，而学风是世风的先导。学术风气浮躁不仅会影响科学教育事业的发展，而且也会直接影响到正在成长中的青年学子，阻碍民族整体素质的提高。因此，倡导并发扬艰苦朴素、诚实守信的学术作风，对个人、大学乃至整个国家都具有非常重要的作用。

从事学术研究这项事业需要以诚信作为基础条件。在人类的历史长河中，从科学诞生的那一天开始，人们就一直在探索科学真理和世界发展的客观规律，并将之作为科学研究的终极目标。在科学发展史上，我们已经明白，那种对科学的追求矢志不渝并为之而甘愿奉献一生心血的科学研究精神是推动科学不断向前的不竭动力。在学术的探索生涯中，科研工作者应当遵循科学自然规律、诚信价值观以及学术道德规范。但是到20世纪80年代以后，特别是近几年来，在学术领域出现了许多违背学术道德以及学术诚信失范的案例，如美国爆发的“巴尔的摩事件”、韩国出现的“黄禹锡事件”以及中国浮出水面的“汉芯事件”等。这些事件爆发之后，学术诚信问题一直受到社会各界人士的密切关注，也使学术界、政界乃至社会各界开始对学术不端行为进行深刻反思。当伪造、剽窃、篡改等种种学术不端行为充斥在神圣的科学研究活动中时，科学研究活动就已经偏离了其原有的求真务实的本质，其导致的后果就是科学神圣事业的坚实根基动摇。这些问题的存在，使科研工作者陷入尴尬的局面，学术事业也不能完全受到社会各界的认同与支持，科学事业的发展失去了外在的支撑力量。“那些众所周知的典型学术不端行为，正在不知不觉中对学术声誉造成损害，破坏了人们对学术界的信任，而这种信任是任何其他东西都不可能取代的。”①

学术不规范行为需要进行治理，学术诚信需要重塑。本书正是在这一背景下，通过系统的理论研究与实证调查，研究学术不规范的表现形式、危害以及归因分析，以期为净化我国学术环境，重塑学术诚信提供系统性的治理对策与建议。因此，本书针对当前学术界尤其是大学出现的学术不规范行为提出了学术诚信治理问题，探讨了当前大学学术诚信的基本内涵和失范的表现形式，并进一步分析了其中的影响因素，在实证分析学术诚信问题归因的基础上，提出了学术诚信的治理框架以及建议措施，其目的就是规范大学的学术不规范行为，倡导和保护学术诚信，将腐败的学术行为及早扼杀在萌芽状态，其研究具有一定的理论与现实意义，可以为相关工作部门的学术不规范治理提供借鉴和参考。

---

① ［美］唐纳德·肯尼迪：《学术责任》，阎凤桥等译，新华出版社2002年版，第265页。

第二节　学术诚信建设问题研究意义

本书以大学学术不规范为研究对象，探讨学术不规范问题以及相应的治理对策，主要是出于以下几方面的考虑：

一　保持科学研究事业的纯洁性以及可持续发展

探讨大学学术不规范问题，是基于大学作为学术研究的重要发源地和基地。由于学术活动本身是一项追求世界客观真理的活动，那么必须要求每位科研工作者在科学研究中保持诚信的优良品质。要是科学研究缺乏诚信基础，不仅后继无望，而且浮躁的科研态度和作风，本身也会影响在科学研究事业上的成绩。“科学研究事业是一项需要以诚信为基础的事业，与人类的其他的交往活动一样，都离不开诚信作为前提。人们才会相信；只有科学家的研究真实反映了现实世界，才会令社会相信。科学研究只有建立较高的信用水平，才会推动整个科学事业的空前繁荣发展。然而，只有科研工作者自身用实例证明并传播合乎职业道德规范的科学道德以及精神价值观念，才能始终保持”①，要保持科学研究事业的纯洁性以及良性循环发展，需要每个科研工作者的共同努力。大学里出现学术诚信失范行为，不仅是对传统科学求真精神的违背以及公众对学术活动期望的背叛，而且学术诚信失范行为本身也会对科学本身的发展带来不利影响。其一，这些学术诚信失范行为会破坏科研制度规范，对后继科研人员诚信观念产生不好的影响，同时也使科研人员在社会公众中留下不好的印象，从而会对整个科学事业的健康发展带来不利的影响；其二，科学研究活动中的腐败行为会使研究成果带有不真实的成分，导致后面的科研工作者的研究前提建立在前人错误的研究结果之上；其三，学术不规范行为会造成学术领域内资源的浪费以及不公平分配，进而影响到整个科研

① ［美］Nicholas H. Steneck：《科研伦理入门》，曹南燕等译，清华大学出版社2005年版，第6页。

工作的正常开展；其四，这些学术不端行为会浪费科研领域内本已有限的资源，包括研究经费，造成对公共利益的不合理侵占，威胁到公共利益和安全；其五，用科研的交易成本理论解释学术不规范行为，伪造、剽窃、篡改等一系列的学术不规范行为，不但会提高学术研究的交易成本，而且也会加大学术成果应用中的不确定性风险。①

二　对学术研究事业的良性循环发展有重要的推动作用

自从20世纪80年代开始，国外一些学者就已经在陆续关注并研究与学术诚信有关的问题，后来开始有很多国内外学者对这一问题进行深入的分析和思考。其一，从目前国外的研究成果情况来看，对学术不规范行为的论证都较为充分，而且理论和实证较为深入；而国内的学者相对于国外学者来说，对学术诚信方面的研究成果就相对较少，甚至一些学者将学术诚信研究的视角转向道德领域，但是这些研究不能作为学术诚信研究的理论基础和治理框架，充其量只能算是其中的一个触点。另外，国内学者探讨学术不规范的治理问题，大多立足于当前中国实际情况，从国家政府层面、大学内部学术团体层面、科研合作单位层面和科研管理制度、法律法规以及实证调查研究层面进行探讨的较少。其二，从研究规范体系来看，对学术诚信问题的研究大多比较零散，缺乏系统性，理论层面研究得多，实证层面研究得少；侧面研究得多，正面研究得少。因此，基于上述几种情况，本书力求做到理论与实证调查相结合的方法，从学术诚信失范的成因入手，探讨中国大学的学术诚信失范治理框架，对大学的学术诚信问题进行较为深入、系统的讨论，并以此为契机，推进中国学术诚信问题研究的深度和广度，丰富学术诚信的理论内涵和治理对策，为大学治理学术不规范行为提供一点借鉴和参考。

三　有效分配利用中国学术资源的建议

不仅在国外学术界有学术不规范的行为现象发生，在国内也同样有学术不规范的现象出现。自从新中国成立以来，虽然我国的科研工作者在科学事业中一直保持着求真务实的优良作风，且学术事业也一

① 吴寿乾：《科学研究中的不端行为及其防范》，《科技管理研究》2006年第11期。

直蒸蒸日上并获得突飞猛进的发展。但是，近年来在学术界尤其是大学爆料出的学术不规范行为却有愈演愈烈的趋势。“在看到学术研究事业领域科研工作者优良作风的同时，我们也应清醒认识到，随着经济社会环境等的快速变化，在学术界也难免会刮起学术不规范和腐败之风，这些令人担忧的问题在不断侵蚀科学的纯洁肌体，并对科学的健康良性发展产生消极影响，社会各国都在不遗余力迫切解决这个问题，已经刻不容缓。”① 中国正处于社会主义初级阶段，在经济与社会转轨的关键时期，学术资源较为紧张，在学术资源相对紧缺的情况下，更要关注学术资源优化配置以提高利用效率，而只有让每个科研工作者坚守诚信的学术行为才能保证学术资源的有效利用。从这个层面上来讲，学术诚信不仅与科学研究事业的良性循环发展有关，还与学术资源的有效分配利用有关。不仅影响到学术发展的根基，而且也影响到整体学术水平的提升。“如果篡改或者伪造学术成果被人知晓，那么将会对本已稀缺的学术资源分配产生更加持久的负面影响。”② 因此，本书探讨学术诚信的归因以及治理建议，对于提前预防和约束学术不端行为，倡导并保护诚信的学术研究行为，提高我国科研资源的利用效率具有非常积极的作用。

四　学术诚信问题是提高国家综合实力的重要保障

在当今时代，科学技术是推动经济发展的思想引擎，科学技术对社会生活的各个领域都会产生至关重要的影响。科学技术的进步是推动国家发展的决定性因素。“一个国家要是缺乏先进的科学技术做经济发展的支撑，那么这个国家就不会繁荣昌盛，也不会立足世界之林。”③ 所以，我国作为发展中国家，要从根本上提高我国的综合国力，必须优先发展科学技术。“党的十六大以来，中央提出了建设创

---

① 刘延东：《在科研诚信与学风建设座谈会上的讲话》，《光明日报》2010 年 4 月 9 日。

② ［美］唐纳德·肯尼迪：《学术责任》，阎凤桥等译，新华出版社 2002 年版，第 267 页。

③ 江泽民：《论科学技术》，中央文献出版社 2001 年版，第 2 页。

新型国家的战略目标，对于实现现代化建设具有重要意义。”① 在国家经济政治转型的过程中，创新是推动国家经济社会建设发展的不竭动力。只有坚持科技创新，才能实现大国向强国的转变，缩小与发达国家之间的差距。当全球都进入科技创新的产业振兴时代，各国都在努力寻求未来发展制高点，我们只有以科技创新为主要任务，将之摆在优先发展的位置，我们才能突破综合国力提高的“瓶颈”，在国际竞争中获得一席之地。在科技创新的实践活动中，要是出现腐败的学术行为，那么既定的科研秩序就会被打乱，科技创新的动力就会被压抑，科学事业就是一潭死水。如果不解决学术诚信的问题，不仅会打击科研工作者的学术探索积极性，也会动摇国家创新体系机制，同时还会影响到国家综合实力的提升。

第三节　研究思路和方法

一　研究思路

本书遵循“提出问题、分析问题、解决问题”的思路展开研究。第一部分为绪论，主要内容包括研究的背景，研究目的与意义，研究思路与方法。第二部分为学术诚信及治理的研究基础和实践状况，主要内容包括国内外学术诚信研究综述、国内外学术诚信治理的现状及不足。第三部分为学术诚信及治理的相关概念和理论基础，主要内容包括分析与学术诚信及治理相关的概念，解析学术诚信、学术道德、学术规范、学术不端、学术不规范，治理、大学治理、学术治理、学术不端治理等概念，提出本书研究的理论基础。第四部分为学术诚信的内涵和学术不规范的归因分析。主要内容包括分析学术诚信内涵和本质，分析学术不规范的表现形式及其危害以及学术不规范归因。第五部分为学术不规范影响因素的实证研究。主要内容包括运用变量权

① 刘延东：《在科研诚信与学风建设座谈会上的讲话》，《光明日报》2010 年 4 月 9 日。

重分析法，分析各类影响学术不规范因素的权重，并构建权重函数模型，为下一步探讨学术诚信治理的着力点和着眼点埋下伏笔。第六部分（包括第六章和第七章）为学术诚信治理的对策研究。主要内容包括构建一个包括大学、政府部门、社会、中介组织、横向产学研合作委托单位以及纵向科研资助机构在内的多方治理主体框架。第七部分（第八章）为结论，主要内容包括总结认为学术诚信失范的治理是一个综合治理的过程。

二　研究方法

1. 文献综述法

本书所需要的研究文献和资料来源，分别是通过学术期刊网、知网、万方等数据库搜寻到的原始资料和文献，对前人的研究成果进行总结梳理，在全面了解了学界同人研究成果以及未来趋势的基础上，提炼出创新性的观点和结论，有助于把握文章的主旨，形成本书研究的宏观框架。

2. 系统分析法

系统分析法是本书的重要研究方法之一。从专业的系统学研究视角来看，学术诚信问题实际上是由科研工作者、科研管理人员以及科研合作机构等在内形成的一个科学共同体，是一个受到社会经济环境影响乃至文化传统观念等因素共同作用的复杂性的系统，在系统内部的各个要素之间存在相互影响和相互制约的作用，因此研究学术诚信问题，必须要用系统论的方法，综合多学科的理论知识，分析研究学术诚信相关的科研人员、科研管理人员、科研机构以及经济、政治、社会、文化、精神、心理等内外因素作用，有助于从深层次把握学术诚信问题的成因，也有助于研究学术诚信治理的相关措施。

3. 案例研究法

选择若干具有某种代表性的典型案例，对大学教师和学生乃至学界研究者学术诚信失范行为表现以及治理问题进行调查研究，在增加论据的说服力方面有时可收到“四两拨千斤”的功效。

4. 多学科分析法

多学科的研究方法是当前做科研常用的方法。笔者研究的大学学术诚信问题及其治理是一个综合性较强的研究课题。此课题涉及跨学科的多门知识，诸如运用到经济学、管理学、社会学、心理学、哲学乃至法学等较复杂的学科知识。对大学学术不规范行为的研究和治理这样一个繁复的社会新问题和具有漫长历史的人类学术活动领域来说，综合多学科的研究成果和研究方法是研究大学学术诚信行为治理必须遵循的方法论原则。比如，用法律解释学的方法，对学术管理的法律制度进行阐释性的论述；用社会学的方法，针对学术诚信失范行为的社会学研究，在于揭示构成学术空间的不同科研群体的最深层的结构，以及倾向于确保学术空间的再生产或者治理的机制，是构建学术不规范治理法制化的重要依据。

第二章　学术不规范及治理的研究基础和实践状况

第一节　国外学术诚信研究综述

国外学者对大学学术诚信问题的研究，大致是从20世纪60年代开始的。经过50多年的发展之后，形成了以美国为代表的对大学学术诚信问题的研究，研究的领域集中在对学术失信的表现形式、形成原因以及治理对策等方面。

从国外学术诚信研究来看，即便像美国这样学术昌明、科技发达的国家，学术界仍然存在学术不规范的现象。美国的研究诚信办公室（Office of Research Integrity，ORI）在1993—1997年收到了1000余个科研不端行为的举报，后来，收到的科研不端行为举报每年都在递增。2005年，ORI便资助了一项关于科研腐败的调查研究，调查了1998—2001年来自Cochrane的系统综述数据库和与Cochrane中心合作发表有关药物临床试验的549位作者，结果大约有29%的被调查人承认在过去的10年中知道他人或者自己在研究中存在捏造数据或错误表达的不端行为。①

部分学者认为，美国自20世纪80年代以来，开始大量出现学术不规范行为，部分原因是源于美国大学在早期缺乏规范的学术伦理教育，带来了科技人员的诚信意识缺失和学术不端行为的发生。Price等（2001）的研究显示，在20世纪80年代，只有50%的美国大学开设

① Gardner W.，Lidz C. W.，Hartwig K. C.，“Authors，reports about research integrity problems in clinical trials”，*Contemporary Clin Trials*，2005，Vol. 26，pp. 244－251.

了正式的关于科学研究和发表文献的伦理教育。① J. K. Eastman 等（2008）分析了道德行为因素对研究人员学术诚信的影响关系，指出道德思想意识与诚信行为之间是正相关的。②

很多国外学者从学术欺骗等角度入手来探讨学术诚信问题。Lene Arnett 等（2002）从人的心理动机角度来评估学术欺骗，研究发现，大学生对学术不规范的接纳与否主要出于其心理动机的考量。考试作弊等学术欺骗行为最容易被大学生在心理上接受的是下面三种做法：一是想通过作弊考试获得高分而不让自己的父母失望；二是想通过成功的考试来获得一份工作减轻自己的家庭负担；三是不想因为较差的成绩而让老师觉得自己的学习能力不行而受到歧视；如果不通过就要复读，认为教师对他不公平。结果验证，当评价学术欺骗的可接受性时，大家都将动机作为第一考虑，作弊行为与人自身的自我约束与耐受性较差的心理表征有着密切联系。③ Jens M. 等（2003）对学术失信的概念以及学术诚信进行了维度比较。④ 同时学者们也颇为关注跨学界的交叉研究，Satu Alaoutinen 等分别研究了芬兰和俄罗斯两个国家的学术诚信特征。Tim West 等用自然实验法探讨了学术欺骗是否与道德素养有相关关系。研究的结论证实，学术欺骗与道德素质没有必然关系，然而较高的学术欺骗行为与较低的诚信度却有必然的联系。研究同时还发现，大学生从骨子里认为欺骗是错误的行为，无论是环境使然，还是为了减轻各种压力。⑤ 随着远程网络教育的兴起，学者

---

① Price J. H. , Dake J. A. , Islam R. Selected ethical issues in research and publication: perceptions of health education faculty, *Health Education Behav*, 2001, Vol. 28, pp. 51 - 64.

② J. K. Eastman, Iyer Rajesh, Timothy H. Reisenwitz, "The Impact of Unethical Reasoning on Different Types of Academic Dishonesty: An Exploratory Study", *Journal of College Teaching & Learning*, 2008, Vol. 5, No. 12, pp. 7 -16.

③ Lene Arnett, Jensen, Jeffrey Jensen Arnett, Shirley Feldman S, et al, "It's wrong, but everybody does it: acadmic dishonesty is on high school and college students", *Contemporary Educational Psychology*, 2002, 27, pp. 209 -228.

④ Jens Mqler, Karel Savyon, "Not very smart, thus moral: Dimensional comparisons between academic self - concept and honesty", *Social Psychology of Education*, 2003, Vol. 6, pp. 95 -106.

⑤ Tim West, Sue Pickard Raven Scroft, "Charles B Shrader. Cheating and moral judgment in the college classroom: A natural experiment", *Journal of Business Ethics*, 2004, Vol. 54, pp. 173 - 183.

们又将研究的目光聚焦于远程教育和学术诚信的相关性，研究的结论表明，远程教育课堂的学术欺骗性和传统的课堂相比，欺骗性更大。① 部分学者的研究集中在从评估的角度探讨了学术欺骗的影响因素，认为学术欺骗并不具有独立性，学术欺骗行为往往和个体利益具有密切关系。② 鉴于学界对个体学术欺骗的影响因素关注度较高，但是从人格变量的角度来关注学术欺骗却不是很多，为此，Craig Nathanson 等学者从个性测量角度着手对大学生的学术诚信行为进行了探索，认为大学生的个性特征对学术欺骗行为的发生会产生重要影响。③ 为了探讨大学生的学术诚信治理对策，应当从形成原因入手进行分析，Nylenna M. 等从师生关系的角度出发研究学术诚信问题，研究结果发现，那些承认自己有学术欺骗行为的学生比没有承认有学术欺骗行为的学生对教师的评估更高。④

著名社会学家默顿（Robert K. Merton）从社会行为学角度分析了学术不规范行为。默顿分析认为，"越轨行为指的是与人们的社会地位相关的规范相背离的行为情况。"该定义着重强调了对越轨行为的判断，取决于作为主体的社会地位，也就是说，对于不同地位的人来说，规范可能是适合的，也可能在道义上是不被提倡的。根据越轨行为的结构以及对整个社会系统的影响，默顿指出，越轨行为可以分为两种表现形式："违规行为"（aberrant behavior）和"非遵从行为"（nonconformin behavior）。按照默顿的理论解释，两者具有不同的特点。学术不端行为从广义上来说，可以解释为针对科学道德规范的

---

① Mark M Lanier，Academic integrity and distance learning，*Journal al of Criminal Justice Education*，2006，Vol. 17，No. 2，pp. 244 - 261.

② Honor J Passow，Matthew J Mayhew，Cynthia J Finelli："Factors influencing engineering students' decisions to cheat by type of Assessment"，*Research in Higher Education*，2006，Vol. 47，No. 6，pp. 643 - 684.

③ Craig Nathanson，Delroy L Paulhus，Kevin M. Williams，"Predictors of a behavioral measure of scholastic cheating：Personality and competence but not demographics"，*Contemporary Educational Psychology*，2006，Vol. 31，pp. 97 - 122.

④ Nylenna M，Simonsen S.，"Scientific misconduct：a new approach to prevention"，*Lancet*，2006，367，pp. 1882 - 1884.

"违规行为"和"非遵从行为"。① 默顿学派中有另一个学者加斯顿（Gaston）很早就意识到在学术研究中存在失范行为，并且指出"尽管学术界的严重越轨行为或者是其他欺骗行为被揭发出来就会臭名昭著，但却很少有人将之作为一个课题进行研究，对科研人员的学术越轨行为也没有人进行系统概括的研究。"② 至于哪些行为是违反科学共同体惯例的行为是没有定论的。1992 年，美国国家科学院、国家工程院和国立卫生研究院的 22 位高级科学家组成的一个小组写出的报告中，将科学道德失范定义为："在申请课题、开展学术研究或作学术报告中出现的伪造数据、篡改数据和剽窃科研成果的行为。"③

Macce、Donald L. 、Drinan、Patriek 研究分析认为，学术文化在很大程度上是影响学生作弊与否的重要因素。那些在带有欺骗性的学术文化中成长起来的学生就带有较大的作弊倾向，因此，建立诚信的学术文化是构建学术诚信行为的重要路径之一，特别是荣誉制度的设立可以大大促进学术诚信氛围的形成。④ 还有学者从学术规范的角度来研究学术诚信问题。Charies Lipson 提出了学术诚信判断的三条标准：如果说你做了某项学术工作，那么一定是真实做了；如果是引用或者借用了别人的学术成果，那么必须公开鸣谢；如果研究数据或者实验结果是通过一定渠道获得的，那么就应该如实说明，而不是伪造或者隐瞒数据结果。他指出，规范的学术引注是通往学术诚信的必由之路。

第二节 国内学术不规范研究综述

中国对学术不规范的研究起步较晚，20 世纪 90 年代，特别是 21

---

① ［美］默顿：《社会研究与社会政策》，林聚任等译，生活·读书·新知三联书店 2001 年版，第 80—85 页。

② ［美］加斯顿：《科学与技术的社会学》，《科学与哲学研究资料》1986 年第 5 期。

③ Defining Miseonduet，"Opinion of nature"，*Nature*，1912，Vol. 356.

④ Macce，Donald L.，Drinan，Patriek. "Acdemic Integrity"，*High Edueation*，1999，Vol. 46，No. 8.

世纪以来，随着我国各类学术不端事件的曝光，逐渐引起了学界对学术不端现象的高度重视和深入研究。目前，学术界往往把学术诚信与学术道德、学术规范等视作同一概念开展研究，主要从学术道德的内涵、学术失范的原因和影响因素、治理学术不端行为的措施等内容上开展研究。

对于学术道德的内涵，学界纷纷提出了不同的观点。谢俊（2008）认为，学术道德可以促进学术自由精神的充分发挥。一方面来看，科研工作者加强学术道德可以在做学术工作的时候保持内心的平和宁静，防止因各种社会功利性而腐蚀对学术自由的追求，进而丧失学术尊严和本真。从另一方面来看，学术道德为科研工作者在自身的工作领域从事学术研究提供了基本的行为规范和准则，保障对学术真理的追求和造福人类社会，学术道德其实是一种内在的约束，对良好学术行为起着预警和引导的作用，从而更好地完成学术任务。江新华（2004）认为，学术道德指的是从事学术活动的行为主体在学术研究、学术评价、学术奖励等活动中处理各种关系时所必须遵守的行为规范和总则。彭江（2008）认为，学术道德规范可以分为法律性的、行政性的以及社会性的学术道德规范三个层次，学术道德教育应该从这三个层面去着手。① 从众多学者关于学术道德的判断中可以归纳出有代表性的三种观点，第一种观点是从学术自由角度来谈的，概括了学术道德所涉及的规范、作用，以及个人内在修养。第二种观点是从本质来谈的，将学术道德的概念应用于学术道德活动中。第三种观点是从学术道德对学术界和科研工作人员的规范作用和社会作用来概括的。

在学术诚信影响因素方面，张艳（2010）认为学术诚信影响因素包括社会、学校、家庭、个人四方面的因素。② 李洪伟等（2011）基于层次分析法，从自身因素、家庭环境、学校环境和社会环境四个一

---

① 彭江：《研究生学术道德规范教育：内容、层次、原则与对策》，《学位与研究生教育》2008 年第 11 期。

② 张艳：《大学生诚信问题的影响因素分析》，《学理论》2010 年第 7 期。

级指标，构建大学生诚信的影响因素指标体系，充分考虑各因素之间存在的错综复杂的影响关系，借助解析结构模型（ISM），建立大学生诚信影响因素的层次递阶结构，找出大学生诚信的最根本影响因素是家庭经济条件、社会环境、网络与媒体导向、学校监督力度和校内利益分配，并根据影响因素的层次结构，从家庭、学校、社会三个方面提出了加强大学生诚信教育的对策。[①] 李洪伟等（2011）从自身因素、家庭环境、学校环境和社会环境四个方面对大学生诚信影响因素进行了调查，对调研数据进行了信度检验，证明问卷的信度很高，然后利用因子分析法，提取了包括恋爱在内的七个公共因子，作为考察学术诚信的关键性影响因素。研究结果表明，要实现学术诚信教育的目的，首先，要从道德观念着手，培养正确的道德观念非常有必要；其次，要消除学生爱慕虚荣的攀比心理；再次，培养学生正确的社会责任感；最后，使学生树立正确的道德观念和经济观念。[②]

学术道德与学术伦理的失范是由多种因素引起的，既受到社会风气的影响，又有学校对学术伦理道德教育的滞后性因素，也与高效教师与研究生投机取巧以及学术期刊急功近利而把关不严等因素有密切联系。因此，针对学术道德失范的研究也主要是从以上几个方面展开。主要的研究有：戎华刚（2011）认为，中国学术职业伦理规范的失范体现在规范自身的疏漏、含混与虚置以及权威性的缺失上。[③] 陈伟（2009）认为，中国学术界存在学术目标的庸俗化倾向、学术价值选择的失衡、学术行为失范、学术贿赂、学术不规范等问题，学术伦理的缺失根源于中国学术职业缺乏神圣化传统、专业化程度不高且又过早遭受商业化冲击。中国学术职业伦理重建应坚持伦理本位的原则，以学者群体为主导，以张扬知识和学术的本体性价值、建构自由

① 李洪伟、陶敏、宋平：《大学生诚信影响因素的解析结构模型研究》，《山东青年政治学院学报》2011 年第 1 期。

② 李洪伟、王炳成、王晓娜：《基于因子分析的大学生诚信关键影响因素分析》，《高等财经教育研究》2011 年第 2 期。

③ 戎华刚：《论中国学术职业伦理规范的失范》，《国家教育行政学院学报》2011 年第 3 期。

独立且多样化的学术生活方式。[①] 曾如珍、刘琳（2006）认为，当前学术失范现象产生的深层次原因主要体现为学术评价数字化、惩处手段形式化和学术权力扩大化三个方面。要从根本上治理学术失范，必须充分发挥学术共同体的作用，改进学术评价和人员考核制度，树立学术规范的威严。[②]

部分研究者认为，对于学术道德的失范，学术期刊自身也应该承担一定的责任，并应该严格审查学术成果的真伪，在学术成果发布的出口上堵塞漏洞，为学术治理把好关。周舟（2004）认为，学术期刊在学术活动中充当着“防火墙”“守门人”这一特殊而重要角色，在学术失范背景下应坚持走规范化发展的道路，以维护学术事业崇高、圣洁的形象和声誉。[③] 张莉莉（2007）认为，导致学术出版者控制职能弱化的主要原因在于学术出版者的自身因素及“前规范”标准核心内容的缺失。建立科学、严格的审稿制度和制定全面、实用的“前规范”标准，是强化学术出版者控制职能的有效途径。[④] 苏雪梅（2007）认为，学报编辑应该从三个方面加强学术责任，以治理学术失范，首先要加强学术质量要求，其次要增强自身学术水平，最后要提高学术失范的防范能力。[⑤] 谢翠蓉（2009）认为，和谐出版是当代出版的前进方向。从伦理学层面看，作者、编者和读者的道德缺失或责任缺失是影响和谐出版的缘由。其中，作者的学术不规范阻碍了和谐出版的实现，编者的道德素质不高制约了和谐出版的实现，读者的阅读修养不够隔断了和谐出版的实现。因此，加强作者的学术道德建设，是实现和谐出版的源头；加强编者的职业道德建设，是实现和谐

---

① 陈伟：《论中国学术职业的伦理缺失及诊治》，《现代大学教育》2009 年第 4 期。

② 曾如珍、刘琳：《当前学术失范现象分析与对策》，《西南师范大学学报》（人文社会科学版）2006 年第 11 期。

③ 周舟：《学术失范背景下的学术期刊发展》，《江西社会科学》2004 年第 11 期。

④ 张莉莉：《学术出版者控制不力问题的反思——站在反学术失范的视角》，《东岳论丛》2007 年第 1 期。

⑤ 苏雪梅：《试论学术失范与编辑的学术职责》，《四川师范大学学报》（社会科学版）2007 年第 6 期。

出版的关键；加强读者的阅读修养建设，是实现和谐出版的补充。[①] 杨权斌（2009）认为，在市场经济冲击下，学术期刊出现了功能错位，使学术成果的发现与发布功能异化，要重塑学术期刊的学术道德责任，应该处理好主动发现与学术平等的关系；积极纠错与学术规范的关系；坚持公允与学术自由的关系；认真把关与学术引领的关系。[②] 张儒祥、茂平（2010）认为，学术期刊在预防和打击学术不端行为的工作中应有以下作为：①切实做好出版前审查工作，主要是初审工作；②主动做好出版后随访工作；③正确面对“抄袭门”，积极处理学术不端事件，认真落实以责任编辑为主体的预防学术不端机制，建立学术不端处理预案。[③] 程郁缀、刘曙光（2009）认为，防止学术不端行为应当综合治理，标本兼治，惩防并举。学术期刊在防止学术不端行为方面的责任和作用是有限的，对其在治理学术道德失范过程中的作用不宜估计过高。[④] 徐小平（2010）认为，学术出版失范行为是基于经济理性选择的结果，它必然严重异化、扭曲学术领域社会理性价值与追求。学术出版失范行为破坏学术声誉，动摇整个学术领域的社会信任基础。学术期刊必须从经济理性回归学术理性。[⑤] 王薇、钱觉寿（2011）分析了科技期刊在学术不端行为滋生过程中承担的不可推卸的责任，进而从严把审稿关、强化编辑责任和利用“检测系统”软件三方面入手，探讨了科技期刊在加强学术道德建设中所能采取的措施。[⑥]

在学术道理失范的治理上，学者们从加强耻感文化教育，加强对

---

① 谢翠蓉：《论学术出版工作中的伦理诉求》，《科技与出版》2009 年第 10 期。

② 杨权斌：《现代大学学报主编的社会角色与学术责任》，《出版广角》2009 年第 11 期。

③ 张儒祥、茂平：《医学期刊责任编辑在防止学术不端论文出版中的作为》，《编辑学报》2010 年第 12 期。

④ 程郁缀、刘曙光：《防止学术不端和期刊的责任》，《武汉大学学报》（人文科学版）2009 年第 9 期。

⑤ 徐小平：《社会理性与经济理性博弈中的学术出版失范行为分析》，《科技与出版》2010 年第 8 期。

⑥ 王薇、钱觉寿：《大学科技期刊对学术道德建设的责任》，《中国大学学术出版》2011 年第 10 期。

违反学术道德行为的处罚力度与建立第三方学术不端行为监督机制等方面提出了建议。范笑仙（2006）研究了以“八荣八耻”为主要内容的社会主义荣辱观作为学术道德建设的道德标准的意义，一是塑造知识分子的道德人格，提升人的道德价值；二是为学术道德建设提供道德标准和价值导向。[①] 针对研究生学术失范与治理的研究，马革兰（2009）从社会环境的影响、学术道德教育的缺乏、研究生学术评价指标的单一、导师引导的不到位四个方面分析了研究生学术失范的根源，并提出了相应的对策。[②] 赵晓罡、薛继亮（2011）利用机制理论设计了一个包含科研项目管理部门和学者激励与约束的第三方监督模型，认为第三方监督的缺失是科研项目管理部门和学者的学术失范行为泛滥的原因。第三方监督的设计既可以是对科研项目管理部门和学者声誉的强制，也可以是利益的强制。最后提出了相应的完善建议。[③] 林孟涛（2008）认为，有四种力量可用来解决学术造假问题：一是道德力量，二是行政力量，三是法律力量，四是媒体力量。但最重要的是加强道德教育，明礼诚信，并从根本上健全学术市场，运用市场机制优胜劣汰，更能体现以人为本，才能从根本上解决学术造假问题。[④] 陈越、方玉东（2011）以国家自然科学基金委员会处理学术不端案件为例，研究了我国科研诚信状况，他们认为尽管我国科研工作者存在一定的学术造假问题，但是大多数科学家在科研上是诚实守信的。[⑤]

研究生作为未来的学术研究中坚力量，其学术不规范的状况引起了学术界的高度关注。许多学者对研究生的学术诚信治理提出了许多很好的建议。王永明、李静（2005）提出从加强思想政治教育，健全

---

① 范笑仙：《社会主义荣辱观对学术道德建设的伦理意义》，《河北学刊》2006 年第 5 期。

② 马革兰：《研究生学术道德失范的表现、根源及对策》，《山西财经大学学报》2009 年第 11 期。

③ 赵晓罡、薛继亮：《基于第三方监督模型的学术失范治理》，《商业时代》2011 年第 2 期。

④ 林孟涛：《论大学教师学术诚信建设》，《闽江学院学报》2008 年第 2 期。

⑤ 陈越、方玉东：《我国科研诚信状况浅析——以国家自然科学基金委员会处理学术不端案件为例》，《中国科技奖励》2011 年第 9 期。

规章制度，建立学术诚信档案，借助现代科技等方面构建学术诚信体系。① 成立等（2010）认为，导师在塑造研究生学术诚信行为方面应采取以下措施：带领学生脚踏实地地开展学术科研活动，并严格把关论文的撰写过程；导师与研究生管理部门借鉴国外的有效做法和管理经验，加强学术诚信教育，完善学术奖惩机制，将学术道德作为成绩考核的评价指标之一并纳入学生的档案，使学术规范化、法制化，在学生自主创新的基础上提升学术道德水准。② 滕建华、娄厦（2010）认为，应该从教育理念、制度建设和教育环节三个方面塑造研究生诚信品质。③ 刘志波、孔垂谦（2008）通过调查问卷和访谈获得第一手资料，运用灰色关联分析了七个影响因素对研究生学术诚信影响程度的大小，发现研究生学术诚信危机的影响因素依次是学术奖惩制度不健全（0.9772）、教师学术失信及师生关系不佳（0.9525）、研究生学术道德素质不高（0.9511）、研究生科学素质不高（0.8073）、学术出版市场不规范（0.8046）、研究生学术考核过于量化（0.7796）和缺少有效的学术诚信教育课程（0.7653），最后得出奖惩制度缺失影响最大的结论。④ 胡志强、李鹏程（2010）于2009年对中科院北京中关村和玉泉路的一年级硕士研究生进行了学术诚信调查，调查发现对学术部诚信行为处罚不严格，对研究生学术诚信教育不够是研究生学术不诚信的重要原因。他们建议加强学术诚信的教育和加大对学术部诚信行为的处罚力度，以提升研究生学术诚信品质。⑤ 陈冲、郭琛晖（2010）结合问卷调查和访谈，对研究生学术诚信现状进行分析和总结，对当前研究生学术诚信缺失的成因进行考察和分析，并从主

---

① 王永明、李静：《论大学生学术诚信体系的构建》，《齐齐哈尔大学学报》（哲学社会科学版）2005年第6期。

② 成立、王振宇、张荣标：《导师如何对研究生进行学术诚信管理》，《高校教育管理》2010年第5期。

③ 滕建华、娄厦：《加强研究生学术诚信教育的途径探索》，《理工高教研究》2010年第2期。

④ 刘志波、孔垂谦：《研究生学术诚信危机影响因素的灰色关联分析》，《中国高教研究》2008年第2期。

⑤ 胡志强、李鹏程：《研究生对学术诚信的认知和态度状况分析》，《中国青年研究》2010年第1期。

观教育、制度制约、环境净化三个方面探讨应时研究生学术失信的对策和建议。[①] 肖大伟、陈冰（2010）认为，研究生学术诚信缺失根源于对研究生学术论文发表的不当要求和发表学术论文的供需严重失衡两个方面。去除对研究生发表学术论文的硬性规定，加大对研究生学位论文的考核力度，加强研究生学术诚信教育是解决问题之本。[②] 吴哲（2010）借鉴《论语》中的诚信思想，从自律进而他律两个角度提出了培养研究生的学术诚信品质的建议。[③] 毕晓艳等（2011）认为，社会大环境价值观、道德观的趋功利性，大学研究生培养体制不完善，研究生自身学术诚信道德意识薄弱是造成研究生学术不端的首要原因。要防范研究生学术不端，要加大对学术不端行为的惩戒力度，同时导师也要加强示范和引导。[④] 张颖（2011）认为，研究生学术不规范现象是由社会风气浮躁、科研考评体系不尽合理、研究生扩招、监督制度不严以及研究生急功近利思想等多种因素造成的。建立研究生学术诚信保障体系应当遵循自律与他律相结合、惩罚与教育相结合、学校制定与学生参与相结合、学校与社会诚信保障体系相结合的原则，在内容方面，应当包括学术不规范标准的确立、学术不规范的处理结果、处理程序、申诉与司法程序等。[⑤] 贺宗凯（2011）认为，研究生学术诚信教育研究长期以来由于偏重对教育的宏观研究，忽视对具体教育细节的探查，导致了研究生学术诚信教育长期存在于理论层面而很难转向教育的实践过程。研究生学术诚信教育的具体内容包括知识维度、价值维度、责任维度、习惯维度。[⑥] 刘静（2010）

---

① 陈冲、郭琛晖：《研究生学术诚信状况调查及对策分析》，《浙江青年专修学院学报》2010 年第 2 期。

② 肖大伟、陈冰：《研究生学术论文诚信缺失问题分析》，《边疆经济与文化》2010 年第 8 期。

③ 吴哲：《〈论语〉中的诚信思想对培养研究生学术诚信的启示》，《教育导刊》2010 年第 10 期。

④ 毕晓艳、唐小亚、范学工：《研究生学术不端现象及其诚信教育》，《中南大学学报》（医学版）2011 年第 10 期。

⑤ 张颖：《研究生学术诚信保障体系研究》，《研究生教育研究》2011 年第 2 期。

⑥ 贺宗凯：《研究生学术诚信教育内容探析》，《四川职业技术学院学报》2011 年第 2 期。

认为，研究生学术诚信教育中发挥导师的作用至关重要。导师可以从言传身教、创新观念、团结协作等方面履行其使命与责任。①

在研究中，国内学者还对国外的学术不端治理经验进行了借鉴和总结。蒯强（2007）对法国反学术不端的举措进行了总结，他认为法国依靠良好的科技计划管理制度、完善的科技评价体系、规范的评价方法等途径，防止科研舞弊和抵制学术不端行为。与此同时，一些科研机构和高等教育主管部门通过建立相关的规章制度，如制定科研人员行为准则和科研成果评价机制，规范科研和学术工作。② 刘召、羊许益（2007）总结了美国大学学术诚信教育的主要途径，包括签署"诚信誓言"保证书，制定严格的学术诚信规范；通过多种渠道，开展形式多样的诚信宣传教育活动；学术考核重视道德指标，失信惩罚毫不手软；学校、家庭、社区三管齐下，建立有效的社会诚信教育机制；教师率先垂范，同时积极引导学生自觉遵守诚信。③ 柳圣爱（2009）研究了韩国黄禹锡干细胞研究科研造假丑闻后采取的学术治理措施，通过制定确保学术伦理准则、确立学术伦理劝告文，制定严格的学术惩罚措施，对规范韩国学术道德起到了一定的遏制作用。④

第三节　各国学术不规范与治理的现状

当前，学术不规范作为一种社会不良风气，具有与一般社会现象相似的特点，也具有不同于一般社会现象的特征。总结起来，主要有以下三个特征：第一，学术不规范主体具有特殊性、复杂性。主体的特殊性表现在他们都是与学术活动密切相关的行政机关、单位或个

① 刘静：《研究生学术诚信教育中导师的使命与责任》，《公安建筑教育》2010 年第 5 期。

② 蒯强：《法国倡导科研诚信和反对学术不端行为的举措》，《复旦教育论坛》2007 年第 5 期。

③ 刘召、羊许益：《美国大学学术诚信教育的主要途径及其启示》，《淮南师范学院学报》2007 年第 3 期。

④ 柳圣爱：《韩国学术伦理建设评介》，《高等教育研究》2009 年第 7 期。

人。一是行政部门，它主要是指科教文卫等科研部门的管辖机构，比如国家部委、省、市级政府、地方政府部门等。二是学术单位，它主要是指高等学校、各级学术科研机构。三是纯学术机构，指学位委员会、学术委员会、职称评审委员会和政府聘用的评奖委员会这类拥有学术权力的学术评审机构。四是从事学术活动的学者个体。第二，学术不规范的表现形式具有多样性。它既包括学术行政权力的泛滥，又包括学术权力的泛滥，也包括个体学术不端行为。第三，学术不规范的后果具有严重性。学术不规范的严重性，既有程度的严重性，还有危害的严重性，还包括人们对学术不规范严重性的认识不足。我们的社会大众对于政治和经济领域中的腐败现象深恶痛绝，同时，我们的党对打击政治和经济领域中的腐败现象也态度坚决毫不手软。虽然同为腐败，但是认知程度却大不一样。在学术界，大家对于学术不规范的现象已经是习以为常，他们都认为这是社会转型期的产物，更有甚者，还呼吁打击学术不规范的学者，不要夸大学术不规范的严重性。在学术机构中，他们对学术不规范现象也熟视无睹，任其泛滥，甚至包庇纵容。

经济发达的美国对学术不规范是不能容忍的，他们在各个科研领域加强了对各种学术不端行为的打击和监督，早在 20 世纪 90 年代初，卫生与公众服务部就组建了研究诚实办公室，这个机构专门从事调查、处理学术不端行为，并将查处的行为人的名单、具体情况、处分结果等详细情况公布。一旦被这一机构认定了有学术不端行为，那么这些行为人就被限制在一定时期内禁止参加任何由政府资助的科研课题，更不可能在公众与卫生服务部成立的有关评审委员会和咨询委员会等机构担任任何职务。行为人的有关信息还会在网站上公示以便社会公众查询，一定时间之后，行为人的信息才能被取消。美国研究诚信办公室的这些经验证明，遏制学术不规范问题，不可能仅仅依靠科研界、专家学者本人的自我约束，更重要的是需要完备的法律和其他手段进行他律，不过，目前美国并没有彻底遏制学术不端行为，但是他们的严厉打击却在很大程度上维护了科研学界的正义和公平。美国的科研成果是否在知名杂志上发表是判断一个学者的成果能否得到认同的重要标准。所以，那些知名专业杂志实际上就成为美国国内防止学术不规范行为的重要关卡。

一　美国的学术不规范治理现状

美国在学术不规范治理方面建立了一套较为完备的法律法规体系，以法制为基本的原则。20 世纪 80 年代以来，美国就已经针对学术道德不端行为建立了一套较为完备的系统的惩罚机制。首先，在美国，治理学术诚信失范行为是有章可循的，在这方面的治理是有一定法律依据的。在 1980 年前后，美国出现了大量的类似“巴尔的摩”事件的学术道德行为失范的案件，在社会上引起了强烈的轰动和舆论，而且这类案件有一个重要的特征就是大量发生在由卫生部门资助的生物医学和药学研究领域。1980 年，针对这类学术诚信问题案件的发生，国会众议院科学技术委员会专门为此召开了听证会，1985 年，国会颁布了《健康研究扩展法案》，建立了一套针对学术道德失范行为治理的法律制度框架。根据该法案的规定，对于卫生部资助的研究项目，一旦发现有舞弊行为或者是学术不规范行为，就要将所获得的项目资金全部没收。1986 年，美国国家卫生研究院也颁布实施了《研究资助和研究合同指导原则》，对学术道德的失范行为进行了相应的指导原则和管理措施规定。1989 年国家卫生研究院又颁发了《发生科学不端行为的研究机构的责任》，对学术不规范行为的担责主体进行了相应的责任划定，并设立了科学诚信办公室（OSI），卫生部副部长办公室设立了科学诚信评议办公室（OSRI）。在美国，不管是政府部门还是研究机构乃至大学层次的科研院校，都建立了专门负责处理学术不规范行为的机构。1992 年，美国卫生部将科学诚信办公室以及科学诚信评议办公室进行了合并，更名为研究诚信办公室（ORI）。1993 年，研究诚信办公室变成了美国卫生部的常设部门机构，对那些由美国政府资助的研究项目中的学术不规范行为进行专门的调查处理。从总体情况来看，美国的学术研究机构尤其是大学层次的学术机构能够对科研队伍中的学术不规范行为作出快速的反应和处理，在每所大学都设立常设性的或者临时性的研究诚信办公室或者科学诚信办公室机构，这些机构的主要任务就是负责调查处理学术诚信失范案件，最后将调查的结果上报校长，并交由校长来负责处理这类案件。2005 年 5 月，美国卫生部为了更进一步对学术诚信失范行为进行界定，又再次颁发了《针对研究不端行为的公共卫生政策》，并随后做了大量相关的调查研究。

因单纯靠传统的防治学术不规范行为的方法效果欠佳，因此，美国政府还进一步借用职业伦理政策化、法律化的方法来进行行政预防和干预，以便达到有效解决和处理学术不规范行为的现象。当学术不规范行为已经触及相关的法律法规政策或者涉嫌侵害他人利益、国家利益乃至社会公众利益甚至构成犯罪时，美国的司法系统就会介入学术不规范行为案件的处理当中来。将学术诚信治理引入法制化轨道，并进行公开的社会预防监督是美国历来都坚持的学术治理基本原则。学术道德失范与立法的关系最近一直都受到国外学术界的广泛关注。如前所述，美国卫生部下属的“研究诚信办公室”是美国专门用于处理学术不规范案件的机构，当有学术不端事件被举报时，研究诚信办公室会聘请了解内情且具有专业水准和判断力的科学家来承担调查取证的职能，如果调查人员在调查过程中遇到获取物证或者人证等法律问题时，则由相关的部门来协助解决，研究诚信办公室详细规定了一整套非常细致的调查被举报案件的法律政策。“研究诚信办公室”的成立，使美国对于调查和处理学术不端事件，不仅有学术界和学者本身的共同自律，还有相当完善的法律手段作为后盾保障。

二 德国的学术不规范治理现状

德国与美国对学术不规范行为的防范措施最大的不同之处在于，主要依靠学术界的自治为主的手段来进行治理。德国马克斯·普朗克科学促进学会（International Max Planck Research School，一般简称马普学会）是德国政府资助的全国性学术机构，主要任务是支持自然科学、生命科学、人文科学和社会科学等领域的基础研究，支持开辟新的研究领域，是德国学术界自治的最高管理机构。[①] 目前，该学会下设生物和医学部、化学、物理和技术部以及人文、社会科学部，拥有

① Max Planck Gesellschaft（MPG）of Germany，http：//www. mpg. de/.

80 个研究所，约 12000 名雇员，其中有 3500 名科学家。除此以外，还有约 8000 名博士生、博士后、客座科学家在马普各个研究所里进行科研工作。早在 1997 年，德国马普学会就通过并开始实施一项内部规定，这套规定为解决学术不端事件提供了一个行之有效的处理方法。具体做法就是，某个科研院所一旦出现了学术不端或者学术不规范行为，那么该科研院所就要立即组织人员对此事进行详细的内部调查，再将其内部调查的情况向马普学会的副主席汇报。被检举的有学术不端行为的嫌疑人可以在两周内为自己组织辩护，在这之后的两周时间内马普学会才会正式作出决定是否需要展开进一步的调查。马普学会还成立了常设委员会，其职能就是对学术道德失范行为开展专门的调查。由马普学会理事会成员担任调查委员会主席，理事会成员必须与马普学会及其下属的研究所没有任何关联。调查委员的职责就是决定是否对学术不端行为展开调查，并讨论决定采取什么样的惩罚措施。具体的惩罚措施包括警告、开除、没收研究经费和法律指控等。

马普学会还于 2000 年 12 月制定和公布了与学术道德失范行为相关的《研究行为规范》，所有在马普学会下属研究所任职的科研工作人员都要签订一份学术道德规范协议，保证遵守《研究行为规范》。该规范明确规定，科研院所的研究工作人员的实验数据至少要保留 10 年左右的时间以供参阅。另外，马普学会的理事会还为年轻的科研工作人员开设了专门的学术道德规范培训课程。另外，德国的研究学会制定了一系列的《研究行为规范》，作为大学的科研学术活动提供资助的必要条件。研究学会成立之后，要求每所大学针对学生进行相应的学术道德规范教育，每所大学都要设置至少一名针对学术不端行为进行调查的调查员，专门解答那些年轻科研人员在实验室中遇到的学术不端行为的各种疑问。要是某些科研院所没有根据《研究行为规范》制定具体的实施规定，那么研究学会就不会给研究所提供任何科研经费资助。德国著名的大学都在不断出台有关学术道德规范的各种规定，特别重视对学术不端行为的迅速调查和处理的规定，现已逐渐完善。

三 日本的学术不端行为治理现状

20 世纪 90 年代以来，日本就开始重视治理学术不端行为，并逐渐完善了各项治理措施。日本的一些科研院所和科研资助机构很早就制定了相关的学术道德失范行为的处理规定，但是各种学术不端事件仍然时时发生。特别是近几年来，学术诚信失范事件在日本引起了强烈的反响，这让日本政府部门以及相关的科研资助机构不得不重新对学术不规范治理措施进行反省和思考。2005 年 12 月，日本召开学术会议研究决定，针对学术界存在的剽窃、篡改、抄袭、不当引用等学术道德失范行为，重新制定了“科学工作者行为规范”。为此，日本学术会议还设立了专门委员会，该委员会的成员除自然科学领域的研究人员之外，还包括法律专家以及社会学的专家等，范围非常广泛。日本书部科学省于 2006 年 3 月成立了一个特别委员会，该委员会成立的主要目的就是改革文部科学省的竞争性研究资金，以便减少学术道德失范现象的发生，该委员会提出的改革措施将在下一个财政年度开始实施。2006 年 10 月 3 日，日本学术会议公布了“科学工作者行为规范”。该行为规范一共有 11 条规定，要求科学工作人员在学术活动中保持诚实、正直、自律的学术作风，不造假、不徇私，共同为营造一个良好的学术环境而努力；要求大学及学会等组织对学术活动中出现的腐败道德行为迅速展开调查并及时公布于众，同时积极引导年轻的科研工作人员了解腐败学术行为的危害，以便走上诚信治学的科研学术道路。

四 我国的学术不规范治理现状

我国针对学术不规范的大学治理模式，并不是国际学术界所推崇的学术管理模式，国内大多数大学都是采取的行政与学术共存以行政为主导的学术管理模式。由于在这种学术治理模式之下，学术权被行政权压制甚至取代，一直都处于名不副实的尴尬境地。大学内部的教授团队以及社会学术组织都是单纯地以本学科领域的研究工作为主，教授虽然是学校的学术权威和代表，但是对学术管理却没有决策权和发言权，学术权力究竟能否派上用场以及在多大范围内派上用场，取决于行政领导的领导决策和办事风格。另外，国内的很多大学都沿袭着一贯的“官本位”思想，大学里的教师以及科研人员都想有朝一日能够“学而优则仕”，将不断积累的学术成绩以及学历作为向行政权力圈子迈进的跳板。①

目前，我国正在积极倡导科研诚信和反对学术不端行为，但统一的制度和规范还不是很健全。主要包括学术界自己的自律宣言，如《学术规范导论》和《学术规范读本》。早些年，余三定、徐思彦、杨玉圣等专家学者联合签订了《岳阳宣言》，这一宣言以遵守学术规范，推动学术发展为目标。同年，王逸舟、贺卫方、杨玉圣等专家学者在北大联合签订《关于恪守学术规范的十点倡议》。各高等院校制定的预防和惩治学术不规范的规章制度，如各高等院校纷纷制定了学生论文的规范要求，对涉及抄袭、剽窃等学术不规范行为给予严厉的处罚。国家主管部门颁布的一系列文件，如中科院及科技部等主管部门先后颁布了《国家科技计划实施中科研不端行为处理办法（试行）》《中国科学院关于加强科研行为规范建设的意见》；教育部也积极行动，出台了《高等学校哲学社会科学研究学术规范（试行）》等重要文件；中央党校制定了《中共中央党校学术规范（试行）》，这些都有力地促进了学术道德和学风建设。

21 世纪初以来，国内针对学术不端以及学术不规范行为也出台了相关的政策法规，2004 年 6 月《高等学校哲学社会科学研究学术规范（试行）》的颁布实施，标志着我国也迈入了科学研究有法可依、有规可依的时代，《高等学校哲学社会科学研究学术规范（试行）》被称为当今中国学术界的第一部学术宪章。2007 年年初，中国科技协会审议颁布实施了《科技工作者科学道德规范（试行）》和中国科学院颁布实施了《关于科学理念的宣言》以及《关于加强科研行为规范建设的意见》两份文件，这两份文件的陆续出台，表明我国的学术研究已经有了制度性约束以及走上规范化治理的道路。虽然，这些法律法规还不算太完善，更谈不上严格执法，但是已经开始将学术治理

---

① 《中国关于制定和实施科学家行为准则的观点和做法——中国代表团出席 BWC 2005 年专家组会议工作文件》，2005 年 6 月 14 日。

问题纳入了法制化的范畴，这是我国在学术不端治理上取得的一大进步。在学术规范以及治理领域，相关法律制度的完善乃至实施都有一个逐渐适应的过程，需要各界人士以及社会公众给予更多的耐心和支持。

根据美国、德国、日本等国际学术道德失范治理经验，我国的学术不端事件的治理需要逐步走上法制化的轨道，这是一个必然的发展趋势。美国在诸如法治意识、科学诚信等方面具有非常先进的理念，这些理念融合了传统科学文化理念和当代科学精神，如果将这些理念和精神引入中国科学研究中，对于推进和加强中国科学研究诚信化无疑具有非常巨大的促进作用。创新，作为推进科学文化文明发展的重要支撑，旨在培育优育学风，其根本和重要的基点应当是科研工作人员的素质，特别是他们的科研诚信文化素质。规则是固有的，除了加强宣传教育外，更重要的是应当加强文化熏陶，积极营造学术界的诚信氛围，引导开展科研诚信的讨论与自省，使创新与诚信之风常规化、深入化。在国外，学术治理的成功经验不仅是来自政府颁发法律法规等制度保障，更重要的是建立了一种学术诚信文化以及良好的学术研究氛围，当然，良好的学术生态也需要制度的完善以及政府的政策支持。我国应借鉴国外在治理学术不规范上的先进做法，通过政府引导，完善学术评议的公开、公正、公平，改变政府对大学的直接、全面行政干预，建立权威的非官方的社会中介组织作为第三方评估主体，建立学术评价与教学评价独立运行的评价机制。更重要的一点是，需要强化大学科研人员的学术道德责任感，明确学术职责权限，进一步加强发挥学术权力监督机制的作用。

第三章　学术不规范及治理的相关概念与理论引入

第一节　学术不规范及治理的相关概念解析

一　对学人、学术、诚信的概念解析

如前文所述，国内外学界对学术诚信的研究文献似乎已经汗牛充栋，但笔者认为真正将学术诚信的内涵讲清楚、讲明白的并不多。对“学术诚信”的理解和认识，必须将学术诚信置于学术研究的环境和过程中去认识。学术诚信是学人或科研工作者开展学术活动必须秉承的基本科学素养，学术诚信也是社会诚信的重要内涵，换句话说，学人在科学研究事业中要遵循的最基本的诚信原则就是学术诚信。对学术诚信概念的理解，可以从对“学人”“学术”“诚信”三个维度的概念解析中去加深认识。

（一）学人（Scholars）

学人泛指在学习、学术方面比较优秀的人，近义词可以是学者、专家、顾问等。在狭义上，学人专门指学术人，是从事学术研究和科研工作的学者和人员。作为以学术研究和科学研究为主要职业的学人，其基本的道德操守就是要遵循实事求是、追求真理的职业要求。这就要求学人在开展科学研究、发表科研成果中要有最基本的学术诚信观念，讲求客观事实和理性证据。学术诚信是学人的基本学术道德要求。

（二）学术（Academic）

美国著名教育家欧内斯特·博耶（Ernest Boyer）认为，学术指的是创造知识、揭示事物发展的客观规律或者以一种新的方式使用现有的知识回答并解决疑难问题。它以学术界有能力判断成果的价值和质量的广泛交流和证实作为评价的基础。① 学人在开展学术活动中，追求学术的最高价值就是探求和揭示事物存在和发展的客观规律，并加以利用于改造改变世界，为人类服务。学术活动能够顺利开展的基本前提就是每个学人能够尊重客观规律，坚持客观真实的原则。学术诚信是学术活动能够顺利开展的基本道德保障。

（三）诚信（Integrity）

"诚信"一般指的是诚实守信、实事求是、不弄虚作假、不欺骗、思想与言行一致。在英语中，诚信除了"诚实、正直，不搞欺骗、权术、虚伪和各种肤浅的手法"等含义外，还有"坚定地按照道德、艺术或其他价值准则规范办事"的意思。诚信是人类社会的基本道德准则，更是科学的生命。科研工作者除了需要遵守社会诚信的共识以外，在科研工作中还必须承担学术诚信的基本道德义务。更为重要的是，科研工作者作为全社会最为尊重的高素质群体，其学术诚信的状况往往起着引领社会诚信风尚的作用，广大学人在科学事业中是否能坚守学术诚信的底线，往往成为整个社会诚信与否的"风向标"。

二　对学术诚信、学术道德、学术规范的概念解析

学术界对学术诚信、学术道德、学术规范的研究成果较多，但往往将这三个概念进行混用，在研究中没有做出区分和概念解析。笔者认为，在学术研究中，"学术诚信""学术道德""学术规范"这三个概念是有一定区别的，我们可以从深入解析这三个相关概念，明确这三个概念的区别中，进一步理解"学术诚信"的内涵。

（一）学术诚信（Academic Integrity）

美国的学术诚信研究中心（The Center for Academic Integrity,

---

① ［美］欧内斯特·博耶：《学术水平反思——教授工作的重点领域》，载国家教育发展研究中心编《发达国家教育改革的动向和趋势》（第五集），人民教育出版社 1994 年版，第 32 页。

CAI）将学术诚信定义为：即使在逆境中仍坚持诚实、守信、公平、尊重与责任这五项根本的价值观。学术诚信也被称为科学诚信或科研诚信，是指科研工作者在科学研究活动中不弄虚作假、不搞欺骗，发扬求真务实、推崇科技创新、开放协作的科学精神。

学术诚信要求科研工作者恪守学术道德准则、遵循学术道德规范，这是科学研究的奠基石。学术诚信是最基础和最基本的学术道德要求，其必然内涵就是要求科研工作者遵守学术规范。

（二）学术道德（Academic Ethics）

道德是社会意识形态之一，是反映和调整人们现实生活中的利益关系，用善恶标准评价，依靠人们内心信念、传统习惯和社会舆论维系的价值观念和行为规范的总和。作为道德组成部分之一的职业道德是所有从业人员在职业活动中应该遵循的行为准则，涵盖了从业人员与服务对象、职业与职工、职业与职业之间的关系。随着现代社会分工的发展和专业化程度的增强，市场竞争日趋激烈，整个社会对从业人员职业观念、职业态度、职业技能、职业纪律和职业作风的要求越来越高。特别是在“为人师表、行为世范”的教师行业，职业道德如何更是影响到“国家的未来”。因此，大力倡导品德高尚的教师职业道德便显得尤为重要。当前，学术活动主要集中在大学和科研院所，其中大学是开展学术活动的有生力量，作为大学学术活动主力军的大学教师，其职业道德鲜明组成部分就是坚守学术道德。学术道德是指科研工作者在从事学术研究活动的整个过程及结果中，处理人与人、人与社会、人与自然关系时，所应遵循的行为准则和规范的总和。学术道德是治学的起码要求，是学者的学术良心，其实施和维系主要依靠学者的良心及学术共同体内的道德舆论。它具有自律和示范的特性，学术道德的缺失无疑意味着学术失范现象的产生和蔓延。

笔者认为，学术道德在广义上，至少涉及五个不同层面的问题：一是学术诚信问题，主要是指防治学术不端行为（伪造、剽窃和篡改）（FFP），同时重视和治理学术研究中的不当行为（QRP）；二是学术伦理问题，主要是指在研究动机和结果上，防止将学术研究引向违背人类伦理要求的方向；三是学术责任问题，主要是指学术研究所承担的社会功能，包括研究高深学问的责任、培养人才的责任、引领先进文化的责任、服务社会发展的责任等；四是学术规范问题，主要是指制定和落实科研活动的行为准则规范以及与科研伦理学研究相关的规章制度和行为指南；五是学术自律问题，既强调与科研工作者道德品质和伦理责任相关的个人自律，也注重科研机构的自律、科技体制改革以及制度建设等问题。

由此可以看出，学术诚信是学术道德最基本的内涵，是学术道德大厦的底座和基础。没有学术诚信，就是违背最基本的学术道德，就谈不上学术伦理、学术责任、学术规范和学术自律问题。

（三）学术规范（Academic Norms）

学术规范指的是人们在学术活动中应当遵守的各种行为规范的总和①，是学者在其从事学术研究活动的过程之中就如何进行知识生产及再生产和如何进行知识交流及传播等具体的学术活动中所达成的一致共识。完善的学术规范应当包含三个层次的内容：道德层次、内容层次和技术层次。② 学术规范是学术共同体内部逐渐形成的、便于操作的、一系列关于学术研究方法的基本规定。学术规范是学术研究活动能健康、正常开展的必要条件。有效的学术规范，其内容应能规定、约束和引导学者去实现科学共同体的知识创新目标。同时可以作为依据，学术共同体可对违背这些规范的行为实施道德谴责，相应的学术机构可实施惩罚，这就是学术规范产生和存在的意义。学术规范是一项需要长期努力的制度建设。学术规范的价值不仅仅是为规范而规范，即“对学术研究本身进行规范”，其根本价值在于保证学术研究的价值，保证“学术研究促进知识增量进而促进社会进步这一根本性目的”。③ 学术规范不仅仅约定从事学术活动的技术性标准，更重要的是通过建立学术秩序、明确学术道德、规范学术交流，从而保证学术研究能够促进社会进步。

---

① 王玉林：《试论学术规范的构成》，《图书情报》2005 年第 6 期。

② 陈学飞：《谈学术规范及其必要性》，《中国高等教育》2003 年第 11 期。

③ 田成有、李斌：《学术行为的规范化：反思与重构》，《学术探索》2005 年第 2 期。

由此可以看出，学术规范是学术道德具体化为可以操作的学术行为规范的总和，是学人保持和坚守学术道德和学术诚信的制度化的外在保障。科研工作者在科学研究中只有恪守学术规范的要求，才能在主观上自觉达成学术道德和学术诚信的研究样态。

总之，学术诚信应该是包含在学术道德的内涵之内的概念，亦即学术道德是学术诚信的上位概念，学术诚信是学术道德的下位概念。学人在主观上要坚决恪守学术诚信和学术道德，在客观上要自觉遵守学术规范。

三　对学术不端、学术不规范的概念解析

在国外，一般不采用学术不规范的说法。美国科学界把在申请课题、实施研究或报告结果中出现的编造数据、伪造数据和剽窃行为称为学术越轨或科研中的不端行为（misconduct in science or scientific misconduct）。[①] 在国内，从20世纪90年代起，中国学术界频频出现抄袭、剽窃他人作品和学术成果等违背学术道德和学术良知的行为，“学术不规范”的说法由此应运而生。学界对于“学术不规范”的界定也不尽一致。

一位笔名为七犀鸟的作者将学术不规范界定为“天下文章一大抄，为了商业利益出卖良心，利用自己的学术话语垄断权欺骗民众”。[②] 此定义主要从学术不规范的具体行为出发，但观点过于片面，仍属感性认识阶段。李运传也从学术不规范的表现形式及影响的角度进行探讨，认为所谓学术不规范就是学界中各种学术运作、学术活动中存在的不良风气，出现的严重腐蚀人心、败坏风气的歪风邪气。

虽然李运传认识到学术不规范是学界的不正之风，但是其界定过于含糊，而且也只是停留于事物的表面现象，也并未完成从感性认识到理性认识的质的飞跃，而涉及学术不规范概念的本质。杨玉圣则说，到目前为止，还没有一个公认的关于“学术不规范”的界说。这

---

① 姚利民：《论学术不规范及其治理》，《湖南大学学报》（社会科学版）2002年第4期。

② 七犀鸟：《究竟什么是学术不规范》，《廉政论坛》2005年第2期。

只是就目前学术界、教育界、文化界、出版界等严重存在的学风文风问题、学术道德败坏等现象的一种笼统的说法。中国科学技术协会科技工作者道德与权益工作委员会也认为，把学术界存在的一些不良现象笼统地称为“学术不规范”并不科学，学风问题与学术不规范问题不宜混为一谈。但我们现今日常生活中所谈论的腐败（不规范）大多政治化、狭隘化。现在通常是指公职人员滥用权力谋取私利的行为，即以公权换取私利。公共权力本应服务于公共利益，但是如果服务于私人利益，成为私人获利的手段，则公共权力如腐烂的物质一样发生质变，故以权谋私的行为称为腐败或政治腐败。腐败的本质也就在于公共权力的质变。在学术上我们统一称其为学术的不规范。

目前，腐败现象在社会的各个行业都不同程度地存在，出现了“教育腐败”“司法腐败”“学术腐败”（下称学术不规范）等说法。学术不规范有别于其他腐败的关键，在于这些行为发生在学术研究过程中，因此，与学术研究过程无关的腐败不属于学术不规范的范围。高等学校是科研的主要力量之一，目前所揭露的学术不规范也主要集中在高校（以及其他研究机构）系统。所以，就现阶段而言，治理高校（以及其他研究机构）学术不规范是治理学术不规范的重中之重。本书所讨论的学术不规范，主要指高校的学术不规范。目前，许多学者定义学术不规范时，把所有的学风不正现象笼统地归结为学术不规范，这是不合理、不恰当的。在上文中已经提到，判断是否腐败的一个基本条件就是看其是否滥用了公共权力。学术不规范是学术界中出现的腐败行为，那么，判断是否属于学术不规范的一个基本构成条件，也应该是是否滥用了学术权力和行政权力。

由此可见，学术不规范是指在学术活动领域中，拥有学术权力和行政权力的个人或集体为谋取个人私利或集团利益滥用权力而违反学术道德、违背学术良知的行为。本定义应从以下几个方面来理解：第一，学术不规范的主体是手中掌握学术权力和行政权力的个人和集体。他们包括学者专家、学术管理人员、行政领导阶层等。第二，学术不规范的客体是学术道德和学术规范。学术不规范是对学术道德和学术规范的侵蚀和腐蚀，是从事学术研究活动的主体在进行学术研究活动的整个过程及结果中没有遵守理应遵循的行为准则和规范的行为。第三，学术不规范的动机是为谋取个人或小团体的利益。学术不规范主体人所追求和取得的利益不是公共的利益，而是私人的利益。第四，学术不规范是其行为主体对手中权力的滥用。拥有学术权力和行政权力的人因一己私利，如为了拉帮结派，聚集个人势力，形成学术垄断；或因小集团利益，如为了保护某个学术派别的地位；或因受贿，以手中权力作为交易，而在学术活动中滥用学术权力。第五，学术不规范的后果相当严重。学术不规范严重影响了学界的纯洁形象，玷污了这一片净土，沉重打击了那些真正具有实力和水平的学者，学术不规范的黑色蔓延会逐渐阻碍社会的进一步发展。

如此看来，那些不涉及权力干预而只是个人学术道德沦丧败坏的学风不正行为则不属于学术不规范之列。例如，抄袭剽窃、粗制滥造、弄虚作假、低水平重复等。

学术不规范行为主要包括：①“学霸”现象。拥有学术权力的个人和集体在学术活动中以权谋私、行事霸道。一些确实有学术水平的学术权威搞霸权主义，唯我独尊、颐指气使，一些名副其实的所谓“学术权威”利用手中权力打击异己、结党营私、拉帮结派。②学位申请与授予中的腐败。有的高校借硕士、博士招生之机向学生收取高额学费举办各种考前辅导班，在辅导过程中直接或间接泄题、漏题；有的高校以扩大招生为由，搞“破格录取”，只要交够数额就可入校读书或是随意更改、保留甚至瓜分招生指标，“暗箱操作”问题突出，“近亲繁殖”严重；而学位答辩也是放低标准、掺假制假，让没有达到学位申请水平的人得到学位。③学术评审中的腐败。在学术职称评定、学术奖励评定、科研基金项目评审、学术论文评价等各种评定活动中，因为评审制度本身的缺陷而导致有的并不是凭学术水平高低，而在很大程度上是靠人际关系好坏的现象，因此评审活动前申请人拉关系、走后门、请客送礼；评审活动中评委们之间心照不宣，彼此关照、利益均沾，互投关系票。整个学术评审活动被搞得乌烟瘴气。该得到肯定、给予支持的学者名落孙山；而根本就没有资格得到任何奖励的人却是麻雀变凤凰，得到的好处一大堆。这种黑白颠倒，有失公正的做法严重打击了真正有实力的青年学者，造成了现今人才大量流失的恶果。④学术界中的“交易”行为。现在普遍存在于高校中的“交易”行为主要有“权学”交易和“学钱”交易。“权学”交易主要是指政府官员或手中掌握一定权力的人为了社会形势的需要到高校混文凭，而高校为了某些自身利益明里暗处帮助这些人顺利毕业。有的导师或出于学校的压力，或出于为自身谋取福利，自愿或非自愿地把他们的名字放到自己的论文著作当中，或者放入课题项目中，尽管这些学生什么东西也没写，什么事情也没做。“学钱”交易则指一些企业老总或有钱人利用他们手中的钱给高校提供建校经费、项目资金等来混取研究生、博士生学位。

学术不端是科研工作者在主观上违背学术诚信和学术道德，在客观上违反学术规范的一系列学术研究不当行为。学术不端作为存在于学术研究中的客观失范现象，是学术治理的重要内容。学术界在研究学术诚信、学术道德和学术规范时，常使用另外一个与“学术不端”意义相近的概念——“学术不规范”，但笔者认为，学术不规范和学术不端在内涵上是有一定区别的，只有明晰了“学术不端”和“学术不规范”的概念区分，才能帮助我们进一步理解学术诚信的内涵及学术诚信治理的指向。

1. 学术不端（Academic Misconduct）

学术不端，又称学术失范、学术越轨，这三个概念在内涵上几乎可以等同使用，狭义上，学术不端还称作学术造假、学术欺诈。总的来讲，学术不端就是科研人员在学术活动过程中没有按照既定的学术规范做学问，甚至违背学术规范行事。从世界范围来看，由于文化价值观以及学术观念的差异，大家并没有对“学术不端”进行统一界定，也没有判定的标准。即使是在同一个国家，大家对学术不端的概念定义都是一个逐渐认同到逐步达成共识的过程。虽然世界各国对学术不端的定义有些差异，但是其构成要素是基本相同的，比如“剽窃、伪造、篡改”等，这已经成为公认的学术不端的主要构成要素。以美国为例，对学术不端的定义也是处在一个不断完善的过程之中，直到2000年年底，美国白宫科技政策办公室（OSTP）等权威部门才将学术不端行为进行了统一的标准化界定，即“在提议、开展和评议科研项目或是报道科研成果的活动中，出现的一系列伪造、剽窃、捏造、造假等行为。”① 这是当前公认的美国用来定义学术不端行为的要素依据。由此可以得出，学术不端指的就是科研人员在学术研究中违背学术道德和学术诚信，抄袭或剽窃他人研究成果，篡改或捏造实验数据等一系列违反学术规范的行为，这些学术不端行为败坏了学术风气，阻碍了学术发展，破坏了学术精神，违背了科学研究的真实性和客观性，给科学和教育事业带来了严重不利影响，破坏了科研工作者的良好形象。

2. 学术不规范（Academic Corruption）

当前，学术界对学术不规范的界定标准可谓仁者见仁、智者见智，归纳起来大致可以分为两类观点：一类观点认为，学术不规范就是在学术活动中出现的违背学术良知、违反学术道德的一切行为。这种笼统的模糊定义受到另一类观点的抵触。另一类观点认为，学术和腐败不能轻易联系在一起，学风是一回事，腐败是另外一回事。他们一致认为，“腐败”在我国政治色彩较浓，经常与之联系在一起的是权力，其本质就是利用手中人民赋予的权力谋私利。根据第二类观点的解释，当前学术界的许多学风不正、不遵守学术规范的不端行为都不能归结为“学术不规范”的问题。两种观点的分歧在于，对“腐败”一词出现了理解上的偏差。笔者认为，学术不规范可以从广义和狭义两个方面来加以界定，学术不规范在广义上可以理解为在学术活动中一些集体或者个人为了谋取不正当利益而采取的不恰当手段违反学术良知和道德的所有行为。而学术不规范从狭义上仅仅指在学术活动中，拥有学术公共资源和权力的集体或者个人为谋取私利而滥用公共权力，做出违反学术良知和道德的行为。狭义上的学术不规范强调的是学术权力与腐败的关系，狭义上判断学术不规范的基本条件就是其是否滥用了公共学术权力，其突出表现就是学术活动中的腐败交易

---

① Office of Science Technology and Policy，Federal Policy on Research Miseonduet，Register 65（2000），76.

行为，比如滥发文凭、滥用评审权等权钱学交易行为。总的来说，学术不规范广义的内容更加宽泛，包括了狭义的内容，如抄袭剽窃、造假捏造、不当引用或者低水平重复等学术不端行为都属于广义的学术不规范的内容范畴，但不属于狭义的学术不规范的定义范畴。

也有如百度百科对学术不规范的定义，主要是指利用学术权力谋取不正当的利益。学术不规范是在一种相当宽泛的意义上就学术文化界和高等教育界存在的学风问题与学术弊端而言的。具体体现在利用学术资源谋取非正当利益或者利用不正当资源谋取学术利益，如权学交易、钱学交易、学色交易等。用权力谋取学术利益，比如一些高级官员到名牌大学做挂名的院长和挂名的博士生导师，还有一些高级官员到各大学拿博士学位。一个国家的高级官员，他要处理政务、出访、视察、开会，怎么会有时间来传道授业解惑，怎么有时间去做博士论文。钱学交易，大学为了创收，办各种硕士班、博士班，还要老板交钱，学校送学位，老板们以送钱为代价，谋取导师或者教授的资格。学色交易，主要指一些学者利用自己的学术地位从异性那里谋取不恰当的利益，主要是男性学者。

本书所指的违反学术诚信的学术不端行为在广义上属于学术不规范的一部分，但又不同于狭义上滥用公共学术权力的学术不规范行为。无论是学术不端，还是学术不规范，如果不加以制止，就会破坏我们的学术风气，危害科技进步和社会发展，必须加以治理。

3. 学术不规范与学术不端的区别与联系

学术不端不完全等同于学术不规范。学术不规范是指在学术领域中为谋取私利而滥用公共权力，侵犯公众利益，破坏学术规范和学术道德的行为。学术不规范首先是学术问题，但又不仅仅是学术问题，也同样是一个体制问题和社会问题。从现有的国情民意体制来说，还很难找到一个解决问题的根本办法。“毕其功于一役”，大概是不现实的一般的学术失范现象不一定认定为学术不规范行为，而学术权威利用其地位、声望，采取诱骗或胁迫的方式将“小字辈”的成果归为己有的剽窃行为则应认定为学术不规范。从这个意义上来说学术不规范与学术失范之间是“度”的不同。学术不规范现象的蔓延严重败坏了我们的学术风气，既危害社会，也危害个人。

四　对治理、大学治理、学术治理、学术不端治理的概念解析

学术不端是学术科研界存在的违背学术诚信和学术道德、违反学术规范的主、客观失范现象。在科学技术发展史上，学术不端与学术的发展相伴而生，只不过随着近现代人类科技的不断进步，从事学术研究和科技工作逐渐成为一种专门职业，特别是20世纪50年代以来信息科技和生物科技的迅猛发展，学术不端现象在学术科研界出现的频率越来越高，加之现代媒体的多方报道和渲染，学术不端俨然成为学术界需要重点治理的对象。要理解对学术不端的治理，就必须从理解治理、大学治理、学术治理开始。

1. 治理与大学治理

治理（Governance）一词最早是从拉丁语和古希腊语发源起来的，最初就是操纵、控制和引导。治理最开始是与统治相对应的同义词，意思是对社会成员的支配、控制和征服。管理科学上的现代治理理论认为，治理涉及的利益相关者较多，包括公共部门、社会公众、私营企业、政府组织以及非政府组织等。政府不再是处于绝对的垄断地位，治理的主体也更加多元化，不一定仅仅局限于政府。因此，我们可以将治理作如下解释：治理指的是公共部门、社会公众、私营企业、政府组织以及非政府组织等利益相关者，就一个共同目标而参与、谈判、协调公共事务并进行规范管理控制乃至规制的一个动态持续的过程。将治理理论运用于不同的研究领域，便有公共治理、公司治理、大学治理等研究范畴。

依据治理的内涵，大学治理（University Governance）可以界定为：一整套相互协调的、正式或非正式的动态的机制，用来协调现代大学各个利益相关者，包括政府、学校、教师、学生等之间的关系，使现代大学价值最大化，以有效地为社会培养所需要的人才。大学治理是大学内外利益相关者参与大学重大事务决策的结构和过程，也就是说，大学治理着重解决决策权力主体在各利益相关者之间的配置和行使问题。所谓大学治理是为实现大学目标而设计的一套制度安排，它给出大学各利益相关者的关系框架，并对大学的目标、原则、决策

方式、权力的分配和剩余决策权定下规则，通过大学各利益相关方追求自身目标的活动从而有效率地达成大学目标。大学治理的研究内容是广泛的，涵盖了以大学为主客体的所有领域，既包括了现代大学治理结构的研究，也包括了大学组织治理职能的内容；既包括了大学行政管理的研究，也包括了大学学术管理的内容。

2. 学术治理与学术不端治理

学术治理（Academic Governance）是大学治理的内容之一，是大学学术管理研究的重要领域。学术治理泛指学术权力部门对学术活动的管理和控制，是促进学术发展，维护正常的学术研究秩序的必要条件。可以说，没有学术治理和管理，就没有学术的发展。在这个意义上，学术治理既包括对学术机构的设置研究和治理结构研究，也包括对学术运行机制的研究。而在狭义上，学术治理往往仅指学术部门对学术研究活动中出现的腐败现象、功利现象，以及学术泡沫、学术不端等一系列学术不当行为进行的控制、规范和管理，从而达到净化学术环境、纯洁学术风气，构建良好学术生态的目的。由此可以看出，学术治理是大学治理理论在学术管理领域的具体运用，包含了对学术不端治理的内容。

对学术不端的治理（Academic Misconduct Governance）最基本的立意在于重建学术诚信的要义，这是强化学术道德的自律和学术规范的他律的有机结合，是建设良好学术生态、维护正常学术秩序、促进科学发展的基石。对学术不端的治理是大学学术治理及管理的基础工程。

3. 学术诚信治理的内涵和本质

面对学术科技界学术不端现象的世界性问题，国际社会的不同国家都采取了不同的治理模式。其中美国、德国和日本在学术诚信治理方面都具有典型的代表模式。美国的学术诚信治理主要依赖于完备的法律法规体系，以法制为基本的原则捍卫学术权威。德国的学术诚信治理模式主要利用学术界自治手段加强学术诚信治理。而日本自20世纪90年代开始就非常重视学术不端的治理，并逐渐完善了各项治理措施。面对世界各国治理学术不端的不同模式，我们应该博采众家之长，取长补短，积极吸取西方学术科技发达国家的成功做法，积极构建我国大学学术不规范的治理机制。笔者认为，管理科学中的多中心治理的公共治理理论可以很好地帮助我们理解目前我国学术管理及学术诚信治理还存在的问题，努力构建政府、社会、大学、企业各司其职、多方共同参与治理的学术诚信治理环境。

学术诚信治理，亦即对学术不端的治理，指的是治理主体对学术科技界存在的弄虚作假、败坏学术风气、违背学术诚信和道德的行为所进行的治理。根据本书对大学治理相关的概念阐述，大学学术诚信治理本身就是一整套动态协调的正式或者非正式的体制机制，这套体制机制存在的作用就是协调各个利益相关者包括政府、大学、社会乃至第三方等各个利益主体之间的关系，使大学学术诚信治理的效益最大化。治理的主体和客体都不仅仅局限于大学外部或者内部，各个利益相关者主体都必须基于各自既得利益承担相应的责任划分，集体投身于大学学术治理的活动中来。我们可以预见的是，未来大学的学术治理模式应当是一个以内部治理为主、外部利益相关者公共治理的模式。根据多中心治理理论，学术不端的治理主体应当是一个多元化的治理角色参与的过程。从治理边界范围来说，主要分为两个方面的力量参与主体：一方面是内部力量参与主体，另一方面是外部力量参与主体。因此，学术诚信治理机制包含学术诚信内部治理机制和外部治理机制。

在学术不端治理的边界内，学术不端治理的活动主要是通过大学内部相关的学术管理规章制度所确定的治理机构执行，这个执行机构是由大学校长、院系主任以及学术专家顾问团队组成，通过内部主体之间的相互制衡约束来实现对大学内部学术不端的治理，也就是所谓的内部治理机制，这是大学学术管理规范所确定的正式的制度安排，也是学术不端治理的基础。关于大学学术诚信的内部治理，就涉及产权问题。然而中国的大学的现实情况是，大学办学主体并没有真正的自主权；外部治理就在于要协调好大学、政府和社会三方主体的角色关系，从而理顺大学、政府和社会之间的关系。但是政府在三者之间的地位是处于强势状态的，要改变政府角色，转变政府职能方向，真正实现大学学术诚信治理的自主权又带有理想化色彩。

由于大学是一个法人实体，除了大学和政府治理主体之外，参与大学学术不端治理的其他各利益相关主体诸如纵向科研资助机构、横向产学研合作委托单位、社会第三部门及其他科研利益相关者等与学术不端治理的关系都较为密切，外部力量参与机制（市场机制）的健全完善程度直接关系到大学学术不端治理的成效。与市场力量相对应的角色就是政府力量主体，政府行为在学术不端治理模式中扮演着重要的角色，政府用其所掌握的学术资源、学术规范政策等干预大学以及市场力量主体的战略选择，因此，这些利益主体的治理活动就构成了学术不端的外部治理机制。根据前文对基于多中心治理的公共治理理论观点的阐述，我们需要对政府治理主体角色的定位进行转变，改革政府管理职能。在此基础上，在政府角色重新定位的同时政府所要扮演的角色就是协调者和质量监督者的角色。治理理论强调的是社会力量的广泛参与，因此，需要政府适当将权力重心下移，实现权力主体的多元化，在引入市场竞争机制的同时，实现大学学术治理主体多元化，鼓励社会中介组织的发展和参与。由此可见，大学学术外部治理的本质内涵就是从治理理论出发，提倡多元民主参与为行动指南，从而构建一个由政府、大学、社会共同参与的平等协商治理框架，具有一定的实践价值意义。在我国，大学管理主要是以行政手段为主的管理模式，为了广泛动员社会力量参与大学学术诚信治理，就必须要做到政府和大学适当让出部分权力空间，才能调动社会力量广泛参与的积极能动性。政府要做的，就是及时转变职能和角色定位，从微观管理向宏观管理转变，走出“划桨者的角色”，当好“掌舵者”的角色。在学术管理的过程中，积极吸收社会组织力量的参与，建立多方渠道搜集社会各界对学校的意见和信息，并将之作为政策制定的参考和指南。同时，大学也要积极转变观念，主动定期或者不定期地向社会公布学术管理的资讯和信息，只有社会了解管理动态，才能提出有针对性的建议措施。同时，学校还要加强与社会的横向合作联系，欢迎社会力量参与大学的学术管理并提出建设性意见，也可尝试建立类似英法等国的由校外人士组成的委员会或者理事会，作为大学的学术管理的最高决策层的咨询机构。通过这种委员会或者理事会牵头，积极吸收社会各界人士、企业界、行业组织、专业组织等校外力量参与大学学术管理，为学校学术治理贡献智慧和力量，使大学的学术管理能够真正体现社会各个阶层、各个主体的利益。另外，各种教育中介组织是联系大学和社会的桥梁，在社会参与大学学术管理活动中发挥着积极的重要作用。由各种中介组织代表着不同性质的社会力量，也代表不同的阶层、群体在大学学术管理方面的利益和要求。通过它们直接作用与大学发生联系，那么社会的利益就可以通过大学发挥作用，那么大学的学术管理也就与社会实现了同步接轨。国务院关于《〈中国教育改革和发展纲要〉的实施意见》中已经明确指出："为保证政府职能的转变，使重大决策经过科学的研究和论证，要建立健全社会中介组织……发挥社会各界参与教育决策和管理的作用。"但是，我国的教育中介性组织的发展起步较晚，而且缓慢，发展的结构类型单一，性质也不明确，在不规范的运作下，难以实现管理的重任。为了让大学的学术管理能够反映社会各阶层的利益和诉求，必须充分发挥中介组织在大学学术管理中的积极作用。首先，要建立各种类型和性质的中介组织机构，使社会各个阶层和利益团体都有代表和反映自己呼声的组织。其次，要制定并完善各种法律法规和政策，规范和保护中介组织参与大学学术管理的权力，使社会各个阶层的愿望和利益都能有效地反映在各大学的学术管理中。①

然而，我国大学针对学术不端的治理模式并不是上述所描述的内外部治理机制有机结合的学术管理模式，而是学术与行政共存的以行政为主导的学术诚信治理模式，行政权处于学术治理权之上，不管是大学内部的有学术权威的专家教授团队还是社会学术顾问组织等，对大学的学术诚信治理并没有发言权和决策。根据我国学术诚信治理的实际情况，笔者认为，构建我国大学学术诚信治理的机制可以从大学内部、纵向科研资助机构、横向产学研合作委托单位、国家政府部

---

① 张峰、周艳：《治理理论视角下高等教育管理的社会参与》，《科技情报开发与经济》2004 年第 9 期。

门、社会第三部门、其他科研利益相关者等多中心共同参与治理的角度去尝试努力。

第二节　学术不规范及治理的相关理论引入

我国学术界对学术不诚信的关注始于20世纪80年代，初期侧重于讨论学术道德问题，当学术不诚信溢出可控范围时，人们开始讨论学术失范与学术不规范问题。当前，我国对学术不诚信行为的权威描述来自中国科协科技工作者道德和权益委员会提交的一份年度报告，该报告以列举法界定了七种形式的学术不诚信行为：剽窃他人成果；伪造篡改试验数据；随意侵占他人科研成果；重复发表论文；将原本可以用一篇完整的论文发表的科研成果分为多篇投稿，降低论文质量，破坏研究工作的系统性、完整性；学术评审和项目申报中突出个人利益；过分追求名利，助长浮躁之风。总之，不管对学术不诚信的具体界定有多大的差异，但都将其视为一种欺骗或作弊行为。

学术不诚信是随着现代学术资本主义的滥觞而产生的，实质上是一个委托—代理问题。从经济学的角度来看，在现代学术生产中，存在多重委托—代理关系。从根本上说，社会是委托人，学者是代理人。在学术资本主义的背景下，基于理性人假设，代理人的动机永远不可能与其委托人的利益完全一致。为了维护委托人利益，人们设计了两种路径来监督代理人。一是用一种让代理人对其行为负责的方式来检测代理人的绩效；二是运用规范并由代理人主动塑造自己的绩效。就前者来说，监督学者行为使之对自己的行为负责是学术职业管理中的一个难题。因为学术工作处于高深学问的最前沿，一般的社会公众很难了解学术工作的真实状况，学者是自己行为的唯一评判者。学者拥有学术自治权，在理论上，除了他们的同行，再没有什么人可以检测学者的工作。一些学术资本主义则要求用量化指标检测学者的工作，而学术职业的绩效很难被量化，勉强量化会带来学术不诚信的大量滋生等后果。因此，那些学术资本主义纯粹想通过制度化的监督和问责制度来解决学术职业中的委托—代理问题是不现实的。只有结合使用制度的机制和非正式的规范相结合的办法，对提高学术职业的绩效才是有用的。这就涉及第二种办法。这种非正式的规范就是我们所说的学术道德。对学术职业来说，不宜通过建立严格的考核和问责制度来获取工作绩效，而应该依靠职业道德和学术理想来获取最佳的绩效。“专业人员特别容易被鼓励不仅仅满足于最低满意和不偷懒。他们有自己不成文的规范，不需要组织对他们的行为进行严格监视。社会资本——一种促进合作行为的规范——因此取代了严密的制度化的激励制度。”不成文规范重在内化，遵守不成文规范也需要进行监督，它有自身的监督机制：学术共同体的同行评议机制。尽管不成文规范可以用来协调委托人和代理人之间的利益，但它也是一把“双刃剑”。不成文规范一方面能体现委托人利益，但另一方面，不成文规范也有自己的利益。群体的认同感和忠诚度会排斥社会利益。从这个意义上说，不成文规范当作制度化的激励机制的补充而不是替代时最能发挥作用。

从委托—代理的角度，我们可以解释学术不诚信发生的内在机理。第一，委托人和代理人之间追求的目标是有差异的，两者的利益并非完全一致。学术资本主义的滥觞激起了学者的功利欲望，加剧了个体利益和社会利益的冲突。第二，信息不对称。委托人和代理人掌握的学术信息不同，可能诱使学者产生机会主义行为。学术产出的不确定性和学术成果评价的复杂性，为学术不端行为提供了机会。第三，产权的不完全性。政府管理部门代表社会负责科研资源分配，但是它们并不承担运用这一权力的全部后果，如果资源配置失误，埋单的只能是社会。责任追究机制的缺失进一步恶化了学术环境，为种种学术败德行为提供了“温床”。第四，不完全市场。科学研究的专门化以及政府固有的特殊地位使供求双方的选择余地受到限制，少数科研机构和学者垄断了大部分的学术资源，“学霸”现象大量滋生，很难形成有效的竞争机制。竞争的缺失会加剧机会主义行为，极大地降低学术产出。根据委托—代理理论，同样可以解释学生学术不端行为。我们知道，一种行为的受约束程度与这一行为可能受到的惩罚及其严厉程度直接相关。对学生来说，只有当他们认识到欺骗行为的风险大于可能给他们带来的好处时，这种行为才会停止。美国的研究发现，对惩罚和尴尬的担心是遏制学术不诚信行为最强大的力量。

学术不诚信的治理过程实际上是一个动态的博弈过程，当学术失范治理不力时，博弈均衡的败德行为会逐渐为人们所认可。也就是说，在不良行为的持续影响下，欺骗会变成学术共同体的行为标准。此时，我们说学术不诚信已经溢出了可控范围。

一 “经济人”假设与“社会人”假设理论视野下对学术不规范的认识

人性假设是管理者在管理过程中对人的本质属性的基本看法。管理学上的人性假说主要有“经济人”假设和“社会人”假设两种理论。将人性假设理论引入学术管理研究范畴，对“学人”的人性本质进行分析，将有助于从管理心理学和组织行为学角度理解学人坚守“学术诚信”的内在人性影响因素，有助于抓住治理学术不端的内在心理动因和结构。

管理学上的“经济人”假设（the Hypothesis of Economic Man）最早是由英国古典经济学家、近现代经济学之父亚当·斯密（Adam Smith）提出。“经济人”假设认为人在本性上具有“自营性”与“自利性”，这种假设指出人的行为动机根源于经济诱因，人的一切行为都是为了获得最大的经济利益，人的逐利性是人类生存和发展的根本动因。比照管理学上的“经济人”假设，笔者认为大学人一样具有一般“经济人”的品性，认清和明确大学人的“经济人”品性具有理论与实践双重价值。基于“经济人”的人性判断，对大学组织的定义也有了新的解读方式，与其说大学是具有共同“志趣”的人们组成的学术组织，不如说大学首先是由“共同利益”的利益相关者组成的资源依赖集团。为了激发大学科研工作者的工作效率和热情，大学伦理制度化、学术建制化、改善激励机制已经成为现代大学制度建设的重要选择。[①] 因为，自然人的自利和自营特性不会因为加入了某一组织（无论是学术组织还是其他社会组织）就彻底改变，而组织正是这些利益相关者实现利益需求的途径和形式。资源依赖理论认为组织最重要的是关心生存，为了生存组织需要资源，而组织自己通常不能生产这些资源；组织必须与它所依赖的环境中的因素互动。[②] 既然如此，大学最关心的也是自己组织的生存，决策主体也要做理性思考，实现成本最小化和效益最大化。“经济人”假设肯定了大学人追求利益的本性，认可人的需要、自营性与自利性是人类活动最原始、最根本的出发点和原动力，这是对唯物主义原则的坚持和运用。“经济人”人性假说能够解释具体、现实生活和抉择过程中人们决策的特点和实质。所以，可以把“经济人”作为大学学术治理与大学制度建设的人性假设、起点和依据。

基于“经济人”假设，学人也是有经济利益诉求的正常人群，他们在学术研究中可能也会出现在科研能力所不能及的情况下，为了个人或组织的经济利益、社会威望，而不择手段地采取违背学术诚信、违反学术规范的学术不端行为。这就不难理解，作为承载社会道德价值标杆的大学学人同样也会出现学术端的逐利行为。再加之，如果学术监督和惩处的力度不够，采取学术不端所获取的利益远远大于可能因此而带来的损失，那么作为“经济人”的学人往往会更趋于投机取巧，降低学术成本，采取不当的学术行为获得更大的学术利益。所以，对学术不端的治理应该与学术活动相伴而生，探讨学术管理中如何在心理、观念、理论、制度和实务等多种层面遏制人性的贪婪和肆意，激发人性的光辉和发展的动能，开展学术不端前期的预防和事中、事后的治理显得尤为重要。

管理学上的“社会人”假设（the Hypothesis of Social Man）最早是由美国哈佛大学社会心理学家 G. E. 梅奥（G. E. Mayo）提出。“社

① 刘元芳、栗红、任增元：《“经济人”假设与大学治理的思考》，《现代大学教育》2012 年第 2 期。

② Peter, J., Salancik, G. R., “The External Control of Or - ganizations: A Resource Dependence Perspective”, New York: Harper & Row, 1978, pp. 1 - 3.

会人”假设最基本的观点就是人是社交人。这种人性观认为，人最重视在工作中与周围的人友好相处，良好的人际关系是调动人的工作积极性的决定因素，物质利益只起次要作用。“社会人”假设强调人的非合理性和情感一面；认可人的需求的单一性；强调人的群体性；认为人履行职务的被动性。“社会人”假设建立在人性是善良的基础之上，人不只为经济利益而生存，人们工作的动机不仅在于物质利益，更在于工作中的社会关系和自我价值实现。也就是说，物质刺激对于调动人的积极性来说，只具有次要意义。“社会人”假设，认识到人有心理活动，不仅有物质需求，还有心理的、社会的需求，提出了尊重人、关心人、重视人际关系的主张。“社会人”假设的理论基础是人际关系学说，人际关系学说的独特之处是对人的本性的基本论点，简单地说，他们认为职工是“社会人”。这种假设认为人不但有经济方面和物质方面的需求需要得到满足，更重要的是人有社会方面和心理方面的需求需要得到满足。正是基于对人的本性的这种认识，人际关系学说认为，要调动职工的积极性，就应该使职工的社会和心理方面的需求得到满足。“社会人”假设告诉我们，在大学学术治理中，要充分关心人、尊重人、爱护人，对科研人员应加强学术教育为主，发扬学术民主，让学人充分参与学术决策和管理，启发学人学术诚信的自觉和自信。与此同时，大学学术治理要激发学人抵制学术不端的自觉性和常态化，主动杜绝和揭发学术不端现象，自觉维护学术研究的良好生态和正常秩序，以期真正揭示真理的学术成果，实现学术研究的终极价值和科研工作者的人生理想。

二　委托—代理理论视野下对学术不规范的认识

在人类科技的发展历史进程中，科学研究经历了一个由个人兴趣爱好到职业化定型的转型过程。在科学发展的早期，科学研究主要是基于个人的爱好和兴趣，直到19世纪末，很多著名的科学家都还只是业余的科学爱好者，例如，微生物的发现者列文虎克（A. Leeuwenhoek，1632—1723）是市政大厅的看门人，氧气燃烧学说的创立者拉瓦锡（A. L. Lavoisier，1743—1794）是地方政府的财税官员，遗传学的奠基人孟德尔（G. J. Mendel，1822—1884）是修道士，爱因斯坦创立狭义相对论时也只是瑞士伯尔尼专利局的审查员。[①] 随着近现代科学的发展，特别是 20 世纪以来，科学的高度专门化使科学研究成为一种社会职业，科学家也成了一种具有较高社会地位的特殊职业人员。科学家虽然在社会发展中扮演着重要的角色，但也与普通人一样靠工资薪金和科研奖励来生活，他们要么来自大学的学术机构，要么来自政府或私人企业设立的研究机构。科学家所承担的科研任务往往来自政府、大学的纵向研究课题，或来自企业委托的横向研究项目。用制度经济学中的委托—代理理论理解科研工作者在开展学术研究中的委托—代理关系，对于预防与治理学术不端具有独特的理论意义和实践价值。

委托—代理理论（the Principal - agent Theory）最早是由美国经济学家伯利（Burle）和米恩斯（Means）提出。委托—代理理论认为当某一个人或是一些人（委托人）根据一种明示或者隐含的契约授权于其他人（代理人）某些决策权去从事与委托人的利益密切相关的活动，委托人并根据代理人提供服务的数量和质量支付其相应的报酬，二者就形成了委托—代理的契约合同关系。委托—代理理论是在生产力的发展以及规模化生产的基础上产生的，一方面是因为社会分工更加细化，另一方面是因为在社会分工细化的背景下产生了一大批具有专业知识的代理人才，这些代理人才有相对更好的资源优势和管理优势，能很好地履行代理义务。但是在委托—代理关系中，由于委托人与代理人之间的效用函数是不一样的，委托人追求的是自身财富的最大化，而代理人追求的是自己工资绩效津贴和闲暇时间的最大化，这就必然导致两者的利益冲突。因此，在没有健全的制度约束下，代理人很可能做出损害委托人利益的行为。而当今世界不管是在经济领域还是在社会领域，委托—代理关系是普遍存在的。在信息对称的前提下，代理人的行为是可以观察到的，委托人可以观察到代理的表现并进行合适的奖惩，这个时候，帕累托最优风险和最优努力水平都是可以实现的。但在信息不对称的情况下，委托人就不能检测到代理人的

---

① ［英］约翰·齐曼：《元科学导论》，湖南人民出版社 1988 年版，第 187 页。

行为，就只能通过观测相关变量来考察代理人的行为，所以，代理人的代理行为就有产生道德风险的可能，这是由代理人的主观意识、客观行动以及其他外生随机因素共同决定的。所以，委托—代理理论的中心任务是研究在利益相冲突和信息不对称的环境下，委托人如何设计最优契约激励代理人。

现代社会的学术科研工作可以看作是一种委托—代理现象，科研项目的委托方可以是政府、公共部门、科研基金、私人企业等科研资助机构，科研项目的代理方就是科研工作者个人或集体。由于科研工作的知识化、专门化程度很高，科研资助部门很难全面掌控科研过程的进展，也无法确知科研工作者的学术行为和道德水准，使在学术科研领域实际存在信息不对称的情况，科研工作者的道德风险客观存在，如果加之没有有效的事前、事中学术监督机制和事后学术不端的发现和惩治机制，学术不端行为的产生就会成为必然。同时，从宏观层面来讲，在学术与经济利益挂钩的背景下，基于经济人假设，代理人的利益立场和委托人的利益立场不一定是完全一致的，作为代理人的科研工作者有可能违背委托人的意愿，仅仅追求个人经济利益，做出违背学术诚信的学术不端行为。为了维护作为委托人的科研资助机构的利益，有必要设置两种方式来监管作为代理人的科研工作者的行为，一是让代理人对其研究结果负责，用这种方式来检验代理人的学术成效；二是制定一系列的学术制度规范来约束代理人，使其主动对自己的学术绩效进行自我监督。

用委托—代理理论可以解释大学内部学术不规范发生的内在原因：其一，委托人和代理人的利益目标存在方向差异，二者所追求的立场不一定完全一致。当学术研究成为一种谋生手段的时候，学术资本主义的滥觞就可能激发起了科研人员的功利欲望，必然加剧社会与个人之间的利益冲突。[①] 其二，在信息不对称的情况下，由于委托人和代理人之间掌握的信息程度是不一样的，那么就会诱导科研人员产

---

① ［美］斯劳特、莱斯利：《学术资本主义》，梁骁、黎丽译，北京大学出版社 2008 年版，第 167 页。

生不正当的利益动机，另外在同行评议中，学术产生的不确定性以及学术评价过程的复杂性也为学术不规范行为制造了投机的空子。其三，学术产权的归属不明晰。政府管理部门掌握着学术资源分配的主要权力，但是他们并不承担这一权力运用带来的结果，要是出现资源错误分配或者不合理分配的行为，那么最后埋单的却是整个社会。同时，学术责任追究机制的不完善也会导致学术环境的恶化，为种种学术不端或者学术不规范提供了空间。其四，学术竞争市场具有不完全性。科研的专业化以及政府部门特有的资源地位使双方的选择余地受到约束，往往只有少部分的科研机构和学者垄断了大部分的学术资源，很难形成有效的学术竞争机制。学术竞争市场的不完全性加剧了机会主义的产生，也会在很大程度上影响学术的产出。一种行为受到约束的程度与这一行为带来的惩罚结果的严厉程度有直接关系。对学术研究者来说，只有让他们认识到某种学术不端行为带来的风险或者惩罚远远大于给他们带来的好处时，这种学术不端行为才会得以一定程度的控制。相关科研资助部门对学术不规范的治理过程实际上也是一个动态博弈的过程，当对学术不端行为的治理力量薄弱的时候，博弈均衡的败德行为就会逐渐被人们所接受和认可，也就是说，在不良行为的持续影响下，学术不规范就可能会成为科学共同体的行为准则。相反，只有保持学术不端治理的高压态势，才能在委托人与代理人的利益博弈中降低道德风险，维护学术研究的清明。

三　利益相关者理论视野下对学术不规范治理的认识

学术研究看似只是学术科研工作者个人的事，但在现代社会中，尤其是科学研究成为一种社会职业以后，学术研究就不仅仅是学人个体的行为，而是一种关乎多方利益的社会行为。学术不端行为不仅仅是科研工作者自身的道德缺失问题，更是直接或间接损害相关利益方的错误行径。因此，对学术不端的治理也可以由相关利益方共同参与。将管理学上的利益相关者理论引入学术治理研究的视野，可以帮助我们拓展学术治理主体的范围，营造多方参与学术治理的良好氛围。

利益相关者理论（the Stakeholder Theory）最早是由美国管理学家

弗里曼（Freeman）在其著作《战略管理：利益相关者管理的分析方法》中提出。利益相关者理论认为任何一个组织的存在都有着多个利益相关者，组织的发展也离不开多方利益相关者的投入或参与，组织要追求的是利益相关者的整体利益，而不仅仅是某些主体的利益，这就要求组织管理者要懂得综合平衡各个利益相关者的利益，从而才能开展有效的管理活动。对于一个企业而言，企业的利益相关者既包括股东，也包括公司的雇员、供应商、债权人和客户，同时还包括政府部门、本地社区、媒体、环保主义等压力集团，甚至还包括自然环境、人类后代等受到企业经营活动直接或间接影响的客体。公司本质上是一种受多种市场影响的企业实体，而不仅仅是由股东主导的企业组织制度，股东并不是公司唯一的所有者，公司的股东并没有承担理论上的全部风险，而其他利益相关者有的分担了企业的经营风险，有的为企业的经营活动付出了代价，有的对企业进行监督和制约，企业的经营决策必须要考虑他们的利益或接受他们的约束。弗里曼给出的"利益相关者"经典定义是，"利益相关者是指那些能影响企业目标的实现或被企业目标的实现所影响的个人或群体"。弗里曼还从所有权、经济依赖性和社会利益三个不同角度对企业利益相关者进行分类，即所谓的多维细分法：所有持有公司股票者是对企业拥有所有权的利益相关者，对企业有经济依赖性的利益相关者包括经理人员、员工、债权人、供应商、消费者、竞争者、地方社区等，与公司在社会利益上有关系的则是政府、媒体等。北京大学张维迎教授在《大学的逻辑》中明确指出，"大学作为一个非营利性组织，是一个典型的利益相关者组织，教授、校长、院长、行政人员还有学生以及毕业了的校友，当然也包括我们这个社会本身（纳税人），每个人都承担一些责任，但没有任何一部分人对自己的行为负全部责任。"

将大学的学术不规范治理纳入利益相关者理论视角予以审视，我们可以得出，与学术治理相关的利益主体既包括学人自身、科研院所、大学，也包括政府、企业、科研基金等科研资助部门等直接利益方，还包括其他相关科研工作者、社会中介评价组织、社会公众、媒体等间接利益方。学术不端行为不仅败坏了学术风气，伤害了学术的纯洁，有损大学的社会声誉，而且还直接损害了科研资助部门的利益。如果与之相关的科研工作者在错误的科研结论的基础上继续开展研究，势必会导致科研进程的失败，带来科研资源的浪费。更有甚者，如果让存在重大安全隐患的科研成果应用于社会，还会直接导致社会公众利益的受损。所以，学术研究作为一种社会职业行为，其关涉的利益方是多元的，因此，学术研究的利益相关者要共同参与学术治理，各自从维护自身利益的不同角度出发，形成学术治理的有效网络。

四 多中心治理理论视野下对学术不规范治理的认识

20 世纪 80 年代以来，以学术不端为突出特点的学术丑闻，在世界各国的科学界开始不断出现，大量的学术不端事件被揭发，大有一浪高过一浪的势头，甚至还有国家政要因学术丑闻而被迫辞职，知名科学家因早期的学术造假而声名狼藉，学术界腐败现象俨然成为与政治腐败相提并论的公共事件。与此同时，世界各国政府和科学界也开始逐渐意识到并公开承认科研界存在的学术不端现象，积极采取有效措施遏制学术不规范的发展势头。例如，在科技最为发达的美国，白宫科技政策办公室于 2000 年 12 月发布了《关于科研不端行为的联邦政策》，作为美国科技界治理学术不端的最高层次指导政策。随后，美国政府中有科研资助职能的相关部门，如卫生部、能源部、劳工部、退伍军人事务部、交通部、环境保护署、国家航天局等联邦职能机构都根据《联邦政策》分别制定了各自行业研究领域的治理科研不端的具体政策；国家科学基金会等所有的联邦资助中介机构也纷纷建立对科研不端行为指控的处理程序，几乎所有大学和研究机构也都制定了相应的诚信条例；资助科研机构的美国私人企业或社会中介机构也开始重视对科研成果有效性的检验，积极介入治理学术造假的工作；社会媒体也成为揭发和披露学术造假、批评和鞭挞学术不规范的重要力量。美国科技界一时出现了政府、科研基金、大学、私人部门、社会中介组织、媒体等多方共同治理学术不端的热潮。这些公共部门或私人组织在参与治理学术不端时，既独立运作，又相互配合，充分做到信息公开、资源共享、消息互通，随着时间的推移和积累案例的增多，美国科技界逐渐形成了针对学术不端的多中心的公共治理格局。将基于多中心共同治理的公共治理理论引入学术不端治理，能进一步回答与学术研究相关的多方利益相关者怎么参与治理学术不端的具体过程，进一步帮助我们明确学术研究的利益相关者在学术不端治理中各自的责任。

治理理论（the Governance Theory）是由西方学者于20世纪90年代初提出来的一种全新的管理理论，广泛运用于经济学、管理学、政治学等研究领域。“治理”（governance）一词起源于拉丁文和古希腊语，本意是控制、引导和操纵，长期以来，它一直用于与国家的公共事务相关的管理活动以及政治活动中。① “治理”综合了经济学、管理学和政治学在内的以及国际政治等领域具有广泛实用价值的、内涵丰富的概念，综合来说，“它泛指国家、公共组织、私人机构及社会个人等各种活动主体之间的关系，是各种公共的或私人的机构和个人管理其共同事务的诸多方式的总和，是使相互冲突的或不同的利益得以调和并且采取联合行动的持续的过程。”② 治理理论认为，治理的主体是多元化的，除了一国政府以外，还包括其他社会公共组织、民间组织、私人组织、社会个人、学术团体、非营利组织等。政府在治理的过程中是治理的主体，但是在经济社会的不断发展过程中，其他各种治理主体在不断发展壮大，并在各自的领域范围内发挥着越来越大的作用，这是政府无法取代的，也是对政府能力的有效提升。在有限政府时代，政府的职能作用范围在逐渐缩小，力量也显得非常有限。

随着治理理论的演变和发展，在西方理论界形成了多中心治理理论流派，“多中心”治理理论（the Polycentric Governance Theory）的形成和发展是公共治理理论领域内的一次重大发展与突破。英国思想家迈克尔·博兰尼（Michael Polanyi）最早使用了“多中心”一词，博兰尼认为治理社会公共事务有两种可能性，一种是单一中心的计划秩序，另一种是多中心的自生自发秩序。美国经济学家埃利诺·奥斯

① 俞可平：《治理与善治》，社会科学文献出版社1999年版，第124页。

② 滕世华：《治理理论与政府改革》，《福建行政学院学报》2002年第3期。

特·罗姆（Elinor Ostrom）进一步认为在组织秩序和市场秩序、权力机制和价格机制之外，在人类社会公共事务治理领域还存在第三种秩序和机制，即“多中心”治理机制和秩序。奥斯特罗姆认为，社会是人们在共同生活中通过各种各样的关系整合起来的一个集合体，在公共领域，因为活动主体、组织结构目标以及社会功能、激励机制等的不同，社会就可以划分为三大部门：一是代表公共权力和权威的国家或政府；二是市场或者非营利组织；三是非政府组织。随着社会的不断发展和进步，民众民主参与和管理意识不断增强，多元化的社会主体和利益主体对政府的管理水平也提出了更高的要求，传统的以政府主导的“单中心”治理模式已经无法满足多元化的社会利益需求，社会管理逐步走向由多元化的治理主体政府、社会、市场等提供。多中心的治理模式可以实现权力道德风险的分散和制衡，政府拥有的权力是相对有限的，市场、社会的权力在不断扩张，多中心的治理主体在竞争中开展合作。多中心治理理论打破了单中心的政府治理模式，构建起了一套由政府、市场和社会多元主体共同治理的多中心治理模式。

近年来，我国的教育研究蓬勃发展，产生了大量的研究成果。实证研究越来越受重视，国外最新的研究方法也开始被认识，并为一些研究者所使用。但对于整个研究的把握，如何深入严谨地完成一个研究则是需要我们不断反思的问题。传统研究也好，新兴的行动研究、叙事研究也罢，如果我们能够按部就班地，从研究问题的选择、广泛的文献阅读、恰当的研究方法（能够突破方法的限制，从研究问题出发）、信度和效度的保证、资料的整理和分析、对结论的批判性的思考等方面来规范自己的研究，必定能够得到“新的”启示。将多中心治理理论运用到大学学术治理领域，我们可以将大学学术诚信的治理看作是一个自上而下、自下而上的互动的学术管理过程，它主要通过一种平等协商、互相合作的合作伙伴关系来实现对学术的治理。在我国，高等院校是政府权力组织的附庸和延伸，传统的大学管理强调自上而下的行政管理模式，即以行政权力为单一中心的治理，无论是政府还是大学都是在用行政手段来进行学术活动的管理，官僚色彩很浓厚。而基于多中心的学术治理强调要广泛调动政府组织、高等院校、非政府的社会组织等多元主体共同来实现对大学学术的管理。学术治理的主体，除了政府、大学本身之外，还应当充分发挥各种非政府组织、社会组织、公益性团体组织等多种组织通力合作的作用，实现对学术诚信失范的综合性、多面性治理。基于多中心的学术治理强调大学学术治理是政府、社会和大学内部成员等多元化治理主体平等化、民主化共同参与学术治理的一个协调互动过程。学术界普遍认为，目前我国政府对大学的行政干预过多、管理过细，在现代大学治理结构中占据了主导地位。[①] 政府在参与大学学术管理的过程中扮演了多重角色，集学术资源的直接投资者、管理者以及举办者于一身，但实际上却是一种管理角色的错位。[②] 政府角色错位的后果之一就是学术质量得不到保障、学术资源无法达到有效配置，并从一定程度上排挤了社会力量广泛参与学术的治理。[③] 政府作为大学学术治理的宏观主体，能够为大学的学术治理提供制度规范以及营造良好的学术环境。当大学的学术治理微观主体无法处理内外部矛盾时，可由政府来主导大学的学术治理。当大学自身在治理学术问题面临巨大体制障碍和政治阻力时，政府的适当介入可在一定程度上缓解压力。政府可作为协调大学、社会、个人等微观治理主体的仲裁者，以此保证治理结构更加优化，从而构成一个由大学、政府、社会、个人等多元参与、平等协商、共同协作的多中心治理结构模式。同时，当前我国的大学内部治理结构也存在明显缺陷，学校内部党政分工不明，行政权力与学术权力关系混淆，各类权力之间难以达成有效制衡，学术管理制度不健全等问题都严重影响着学术治理的有效性，这也是导致学术不端滋生的

---

① 李福华：《大学治理的理论基础与组织架构》，教育科学出版社 2008 年版，第 149 页。

② 龙献忠：《论高等教育治理视野下的政府角色转变》，《现代大学教育》2004 年第 1 期。

③ 盛冰：《高等教育治理 ：重构政府 、大学和社会之间的关系》，《高等教育研究》2003 年第 3 期。

制度性原因。[①] 总之，基于多中心的学术治理强调要在完善大学治理的外部结构和内部结构的过程中，逐步构建平等参与、内外结合、分工明确、相互合作的针对学术不端的多中心治理模式。

五　制度变迁理论视野下对学术不规范治理的认识

大学学术诚信的重建根本在人心，关键靠制度。然而，从道德哲学的角度来讲，人心是自由的，是不可能从根本上加以预知的，虽然我们可以以加强学术道德与学术规范教育的做法来强化学人对学术道德和学术规范的认知，但我们永远也无法确信，每一个科研工作者内心深处真的就对学术诚信予以认同和坚守。正如前文所述，用“经济人”假设分析科研工作者的利益需求，他们在人类本性上天然地就存在用最小成本获取最大收益的利益冲动；再用委托—代理理论分析发生在科研工作者身上的学术不端行为，更进一步阐明了在信息不对称和监督制度缺失的情况下，作为代理方的学人亦容易产生道德风险。所以，在职业分工高度专业化、信息爆炸而又严重不对称的现代社会，无论是委托—代理活动，还是多中心的相关利益主体共同参与治理，在根本上还是要靠成熟的制度安排。同时，制度安排也因随情况的变化和治理的需要而不断创新和发展。同样地，学术诚信的治理也要靠各类制度的支撑和推行才能得以有效开展。经济学上的“制度变迁理论”恰恰可以很好地解释学术诚信治理制度的设计和改变。

制度变迁理论（the Institution Change Theory）最早是由美国经济学家道格拉斯·C. 诺思（Douglass C. North）提出来的。诺思在经济研究中发现制度因素是促进经济增长的关键变量，诺思把制度看作是“一系列被制定出来的规则、服从程序和道德、伦理的行为规范”。[②] 制度变迁理论意义上的“制度”既包括法律、法规、规章、条文等正式制度，也包括风俗、习惯、宗教、舆论等非正式制度，所谓制度变迁就是指这两类制度框架的创新和突破。制度变迁的过程也可以解释

---

① 裴战存、谢子远：《建立我国现代大学的治理结构》，《中国冶金教育》2005 年第 2 期。

② ［美］道格拉斯·C. 诺思：《经济史中的结构与变迁》，陈郁、罗华平等译，上海三联书店、上海人民出版社 1994 年版，第 156 页。

为一种效率低下的旧制度被一种效率更高的新制度替代的过程。制度变迁理论认为制度是一种公共产品，它是由正式的组织或公民社会生产出来的，这就是制度的供给。但由于人们的有限理性和资源的稀缺性，制度的供给总是有限的、稀缺的。随着外界环境的变化或自身理性程度的提高，人们会不断对新的制度提出需求，以实现预期增加的收益。当制度的供给和需求基本均衡时，制度是稳定的；当现存制度不能使人们的需求满足时，就会发生制度的变迁。制度变迁的需求理论和供给理论从不同的研究视角分析了在制度变迁中市场主体的行为和作用。制度变迁的需求理论强调的是市场的力量，由于市场需求而引发新制度的创新，也就是一种诱致性的制度变迁方式。而制度变迁的供给理论更看重的是国家在新制度产生中的作用。国家在制度变迁供给中起着非常关键的导向作用，可以避免诱致性制度变迁带来“搭便车”行为，国家恰恰可以通过权力工具弥补市场制度供给的不足，这种制度变迁属于强制性的制度变迁方式。强制性的制度变迁方式与诱发性的制度变迁相互呼应，制度变迁就是在市场力量与国家力量的相互作用中而被推进的。

用制度变迁理论审视学术制度的设计和变迁，我们可以得出，要推动学术发展的关键在于设计出符合科学研究规律的制度安排，并在学术治理的过程中不断主动发现制度的漏洞和问题，从国家、社会、大学的多方角度共同促进学术治理制度的变迁。近年来，世界各国学术界仍不断曝出学术不端的丑闻，这一现象说明，国际范围内的学术诚信治理制度仍有需要改进的空间。我国作为总体上科技仍欠发达的国家，学术治理制度的建设起步本身就较晚，学术不端治理的任务更加艰巨，学术诚信治理的制度变迁和改善更需要国家、社会和大学共同努力促进。

综上所述，将经济学和管理学领域的诸多理论引入学术诚信及治理的研究视野，可以帮助我们更好地理解学术不端产生的必然性、治理学术不端的可能性，以及采用什么方式来促进学术诚信的重建。将“经济人”假设和委托—代理理论引入对学术不端产生原因的认识，让我们清晰地看到，学术不端的产生既有学人人性的本体原因，更有学术制度供给不足的原因；将“社会人”假设引入对大多数学人仍坚守学术诚信的认识，又让我们看到了人性光辉的一面，坚信治理学术不端，把学术不端打压在最低程度、控制在最小范围是完全可能的；利益相关者理论、多中心治理理论、制度变迁理论，则可以帮助我们明确学术诚信的治理，需要平等协作的有关利益方共同参与，推动学术制度的变革和进步。

第四章　学术诚信的内涵和学术不规范表现、危害及归因分析

第一节　学术诚信的内涵与本质

前文已简单地界定了学术诚信的内涵，但我们要进一步加深理解学术诚信的本质，首先得弄清楚“学术”与“诚信”两个概念，这是两个较难界定的概念。在中国古代，“学”与“术”是分开的两个词语。“学”一指学问，如《礼记·学记》说到，“一年视离经辨志，三年视敬业乐群，七年视论学取友，谓之小成；九年知类通达，强立而不反，谓之大成。”二指获取学问的途径，如《论语·为政》提到，“学而不思则罔，思而不学则殆”。“术”一指手段、方法和措施，《韩非子·定法》指出，“术者，因任而授官，循名而责实，操杀生之柄，课群臣之能者也”；二指技艺和技术，《礼记·乡饮酒义》提到，“古之学术道者，将以得身也”。直至20世纪初，我国仍然有很多学者将“学”与“术”分开解释，认为学是理、知之意；术是用、行之意。[①] 在20世纪90年代之前，“学术”这个概念都还较少出现在我国高等教育研究文献之中，直到20世纪90年代中期，“学术管理”才开始纳入我国高等教育管理的研究范围，因此“学术”这个词汇也就逐渐开始被广泛使用。根据《辞海》（1999年版）、《现代汉语词典》（2002年修订版）中的解释：“学术”指的是“专门的、

① 高平叔编：《蔡元培论著选》，人民教育出版社1991年版，第186页。

系统的学问”。[①] 在英语里，“学术”（Academic）一词是由柏拉图创建的阿卡德米学院（Academy）而来的，有“学院的、大学的、学会的、学者的、与学问有关的、纯粹理论的”等多种解释，包含的意思并不仅限为“较为专门、有系统的学问”，在欧洲的传统观念中，学术指的是“那些受过专业训练的人在具备专业条件的环境里展开的一些非实用性的研究。”[②] 按照这个解释，学术应该包含两个要素，一是与学院有关，二是非实用性，那么，实用性的技术或者研究就不能称为学术。但是，随着学术事业的进一步发展和知识经济的到来，人们对学术赋予的意义也就更加宽泛和丰富起来。学术已经不再单纯指代理论和研究，非理论型的应用研究及专业的学术训练都可以认为是学术。如美国当代高等教育家欧内斯特·博耶指出，学术除纯科学的意义之外，还包括对相关学科的研究、学术管理活动和富有启发性的教学活动。[③] 就学术的行为主体来看，从事学术活动已经不再是由少数学者独享的权力，学术的主体更加宽泛，除了学者、专职科研工作者、大学教师以外，还包括各学科领域内的探索者和接受专门学术训练的初学者（即学生）。综合国内外对学术定义的阐述，中国学者叶继元认为，“学术”一词的内涵大致可以分为两类，一是指知识形态的学术，包括学问、真理、道理，是研究的目标和对象；二是指作为一个研究的过程，包括获得学问、真理和道理的一种活动方式。[④] 当我们把学术作为一种知识形态理解的时候，它本身并不包含价值判断，因此也就谈不上诚信与否，我们只有把学术当作一个获取知识、道理、真理的活动过程，并且人们参与其中做出了相应的价值判断时，学术才会体现出诚信与否。本书涉及的学术诚信指的就是人们在学术训练和学术探索的过程中表现出的诚信状况和样态。

诚信作为中国的传统美德，也是中国道德体系最重要的道德范畴

---

① 《辞海》，上海辞书出版社 1999 年版，第 166 页。

② 李伯重：《论学术与学术标准》，《社会科学论坛》2005 年第 3 期。

③ ［美］欧内斯特·博耶：《关于美国教育改革的演讲》，涂艳国、方彤译，教育科学出版社 2002 年版，第 233 页。

④ 叶继元：《学术规范通论》，东北师范大学出版社 2005 年版，第 147 页。

和规范，诚信在长期的历史演变过程中内涵得到极大丰富。在我国，“诚信”一词最初是在《商君书 · 靳令》中出现的，但语源上分析最初是来自“诚”与“信”两个单字。“诚”“信”二字互训，语意相通。许慎在《说文解字》中释曰：“诚、信也，从言，成声。”“信、诚也，从人言。”“诚”的运用最早出现在《左传》中，里面谈到“明允笃诚”，疏曰：“诚者，实也。”即把“诚”的含义引申为“真实、实在、不欺”等义。孟子笃信至诚，认为“诚”乃天的法则，“诚”是做人的基本原则，其言：“诚身有道，不明乎善，不诚其身矣。是故诚者，天之道也；思诚者，人之道也。诚不动者，未之有也，不诚，未有能动者也。”荀子将“诚”看作是德与行的根本，认为至诚则众德自备，“君子养心莫善于诚，致诚则无他事矣。”换句话说，“诚”就是诚实不欺骗，是一种传统美德，是儒家学者修身养性的道德品质。“信”是中国最重要的一种传统道德品质，与现代诚信范畴的含义较为相似，有“诚实不欺”“言行一致”“表里如一”“遵守诺言”等含义。仅在《论语》中“信”就出现过 36 次，并被列为“仁、义、礼、智、信”（“五常”）之一。关于“信”，我国古人有较为精辟的解释。《春秋》说：“人之所以为人者，言也。人而不能言，何以为人？言之所以为言者，信也。言而无信，何以为言？”孔子提出“民无信不立”，荀子把人是否具有“信”作为一个区分君子与小人的重要标准。另外，“信”还包含有正义、公正、正直、诚实等道德要求。孟子曰：“大人者，言不必信，行不必果，惟义是从。”《管子 · 形势解》曰：“圣人之诺已也，先论其理义，计其可否。义则诺，不义则已；可则诺，不可则已；故其诺未尝不信也。”换言之，遵守承诺必须取信于义，讲究道义，才能体现社会公正、正直和正义，体现忠诚职守的责任心。①

综合上述的阐述可以看出，在中国传统文化观念里，“诚”主要体现的是道德主体的一种诚实不欺的内在良好品行和信念，是道德主

---

① 赵爱玲：《诚信道德的本质要求与当代价值》，《学校党建与思想教育》2003 年第 1 期。

体反映的一种主观精神状态；“信”主要体现的是道德主体在道德行为活动中诚实不欺、信守承诺的一种基本道德准则，是“诚”外在表现的一种行为规范。所以，诚信体现的是一种内在的诚意，言必信，行必果。诚信的核心思想就是诚实不欺、信守诺言、不妄不伪、言行一致，同时也蕴含公正、公平、正义、正直、尊重和责任等价值观念。诚信不仅是一种基本的道德规范，还是一种人的品行修养和做人基本准则，同时也是一种行为规范，用于指导人与人、人与社会之间的活动关系，并以此成为一种特定的道德活动准则。

在西方文化中，诚信思想和传统也有其较深的渊源。《旧约全书》说，“正直人的纯正，必引导自己；奸诈人的乖僻，必毁灭自己。”洛克在论教育时谈到腐败是一种极坏的道德品质，“是许多恶德产生的根源”。[①] 一个人一旦养成了不诚实的行为习惯无疑会葬送自己的前途和未来。凡是想使自己取得成功，获得光明前途并建立良好名声的人都是极其讨厌谎言和欺骗的，都比较讲究诚实信用。卢梭提出了社会契约论，认为“社会秩序乃是建立在约定之上的”，社会契约是“一切国家权利的基础”。格劳秀斯指出：人的本性是守约，“有约必践，有害必偿，有罪必罚。”霍布斯指出：守约是正义的源头，无契就谈不上正义，有约而背约就是不义。诚作为人的内在品德，信是人外在表现形式，诚于内必信于外，这是道义前提下的诚信。诚信是人的基本道德准则，其出发点和落脚点都要求人诚实守信，诚实注重的是人的内在品质修养，传达一种真实信息；守信注重的是遵守诺言，实践成约，从而获取他人的信任和尊重，看重的是人际间的伦理关怀。诚实是守信的基础，守信是诚实的外在表现，二者是相辅相成的统一辩证关系。诚信道德一方面指的是个人诚实守信的道德品质，另一方面指的是个人的诚信品质的影响因素，包括诚信在形成和发展的过程中受到诸如经济发展、社会制度、文化观念等因素的制约和影响。我们在考虑诚信的道德价值或者工具价值的同时，更多的是要考虑诚信伦

① 王国征：《道德规范论——以人为核心的道德规范体系研究》，中山大学出版社2002年版，第258页

理和诚信原则的伦理、法律精神。

基于以上国内外先贤们对“学术”和“诚信”概念的阐述，综合前人的观点，笔者认为学术诚信指的是人们在学术专业训练和学术探讨的实践活动中，对待学问持以一种科学、严谨的态度，体现为一种求真务实、不弄虚作假的精神样态和行为表现。它具体包括以下两方面的含义：一是在对待学问的态度上，在学术探索的过程中坚持真理，求真务实，虔诚地对待科学，做到对知识的敬畏和负责；二是坚持科学探索精神，实事求是地对待前人的研究成果，以真诚、平等的态度待人，客观公正地发表评论和建议。简言之，学术诚信就是为学严谨，为人诚信。

第二节　学术不规范的表现形式与危害

诚信是古今中外人类共同遵循的普世价值观，是为人处世最基本的道德起点。“人而无信，不知其可”，为人诚信是做好世间万事的逻辑起点和道德原点。学术诚信理应成为所有学人和科研工作者在开展学术研究的过程中遵循的最基本的道德戒律。然而，遗憾的是事实并非如此，自近现代科学技术快速发展和进步以来，与之相伴的学术不规范现象便与日俱增。特别是在现代科技高度专门化、专业化、职业化的背景下，全球在公共或私人部门从事学术研究的人数大幅增加，学术研究进入精、尖、深的时代，不同领域的科学家对彼此的研究不可能做到完全了解和知晓，也很难做出及时的判断和裁定。与此同时，现代社会是一个信息爆炸的时代，从事某一领域研究的科研工作者也极其众多，每年全球发表的学术成果更是不计其数，即便是同一学科专业的学者也很难完全搜集、接触或阅读完本领域所有的研究文献和成果。科技的发达和精深反而给学术研究带来了识别的鸿沟和介入的障碍，也就给学术不规范者提供了一定的生存空间，为学术不端行为的发生提供了一定的存在条件。在全球学术科技界，以学术不规范为特征的学术不端行为广泛存在，表现五花八门，大有甚嚣尘上之势，如果不加以有力遏制，必将影响整个人类的科技发展进程。

一 学术不规范的发生领域和表现形式

学术诚信的对立面是学术不端，学术不端的本质是学人失去了学术诚信的基本操守。在学术界甚至整个社会，学术不规范或学术不端的表现形式很多，深入研究学术造假事件的典型案例，归纳总结学术不端行为的类型和特征，对于我们预防和鉴别各类学术不规范行为具有重要参考价值。

1. 在科研项目申请过程中的学术不规范行为

在现代社会的科学研究活动中，基本的操作程序是具有科学研究能力的工作人员向能够提供科研经费的资助机构（如某类基金组织或者是企业）提交课题申请书，然后科研资助机构按照规定的程序组织同行专家对科研人员提出的申请书进行匿名审查，最后由同行专家组成的评议委员会共同商议决定是否给予立项资助。对于同行专家的评审而言，课题申请者选题是否新颖、论证是否充分、研究方法和实施程序是否可行等都是同行专家审查评议的重点内容。在一般情况下，课题申请者的前期研究成果积累以及学术研究经历对于课题申请有很大的帮助。在这一阶段，科研申请者出现的违背学术诚信的行为有以下几种：一是科研项目申请者伪造前期学术成果，故意抬高自己的学术水平或者吹嘘科研团队的实力。如某学院某教师于1991年申请国家自然科学基金时获得了1.5万元的资助经费，后经查实，他在项目申请书中所列出的自1988年以来在国外杂志上发表的30篇论文目录中，有两篇完全是剽窃他人的学术成果，另外28篇根本查无此文，或者文章作者根本不是他本人。二是科研项目申请者伪造个人信息，包括各种学术论文获奖证书、荣誉证书以及学历、学位证书等，或者夸大虚报自己的履历、成果、鉴定以及评价等，或者盗用一些知名专家的姓名。例如，北京某航空航天大学的某教授通过伪造“国家自然科学基金一等奖”等获得了不应属于他的荣誉称号。三是课题申请者通过不正当手段剽窃他人的课题申报书资料或者创新性研究方案（研究方法）等，或者是对其内容稍加改动或者原封不动进行抄袭拿去申请别的项目。四是课题申报单位的某些科研管理人员失职，明知申请书的内容材料严重失真却仍然不管不问，或受理单位的某些科研管理人员，明知申请书内容严重失实或者漏洞百出却仍然上报或受理。课题申请立项的目的是获得科研经费资助，且只有通过了同行评议认可的申请项目才能获准立项。为了增加同行评议审查通过的概率，课题申请人往往想方设法采取以上作弊手段蒙混过关。而科研单位的某些管理人员明知课题申请书内容不符合事实却不履行基本的工作职责，这些行为都严重干扰了科研申请过程的正常秩序。

2. 在撰写学术论文或报告、申请专利等发表学术成果过程中的学术不规范行为

（1）抄袭剽窃。抄袭剽窃是最常见的学术不规范行为的表现形式，通常指科研人员在撰写学术论文或者报告乃至申请专利过程中抄袭别人的实验数据、调查报告、论文、著作等，然后公开发表。抄袭剽窃分为两类，第一种情况是直接剽窃，指科研人员原封不动抄袭别人的论文成果予以发表，或者把别人的论文成果稍加修饰或者改动据为己有去发表，或者把别人发表过的几篇文章稍加综合杂糅成自己的学术成果拿去发表，或把别人发表过的几篇论文稍加综合后当作自己的论文发表。例如，美国某著名研究机构从事癌症研究的某青年医生，所发表的论文完全是抄袭别人而来，他就像一个论文加工厂，每个月都有他的文章见诸世界各地的杂志，他的操作方法就是将别人发表的论文的原作者改为自己，再把稿子寄给不出名的杂志发表瞒天过海。第二种情况是间接剽窃和隐含剽窃。间接剽窃指的是科研人员将别人未发表的实验数据、实验观点乃至实验方法等据为己有，并在此基础上稍加修改正式发表的行为。隐含剽窃指的是科研工作人员因受到他人工作的启发而作出了进一步有创新性的工作，而在发表成果时，不给予应有的致谢，反而有意不引证他人的文献，这种行为不管是有意还是无意的，都是背离学术道德诚信的行为，是对学术规则的破坏。

（2）篡改捏造。某些科研人员在科研工作中抱有急功近利的心态，既有较高期望值，又喜欢“快餐式”地出成果，通常情况下，根据自己对某种理论的期望、设想，或为了迎合已有的某个新理论，故

意对实验取得的原始数据部分或全部进行修改，然后写成论文发表。部分科研工作者喜欢做一些表面文章，流于形式，不愿意去调查研究搜集第一手数据资料，只靠网上简单的粘贴复制、篡改以下数据或者捏造一个事实蒙混过关，甚至是整个科研项目的研究都是空穴来风、闭门造车。例如，有一个研究团队在探讨关于“沙尘暴”的来源以及如何向下游刮送的科学难题时，有关研究部门就曾经组织了东线和西线两个考察团队去调查情况，东线的考察团队在考察回来后，公布了很多贻笑大方甚至是漏洞百出的考察结果，其中的团队负责人就解释说，东线的沙尘暴源区与原始的沙漠没有任何关联，甚至说是人类的生产生活活动造成的，原始的沙漠已经逐渐刮没了。而实际上，可能戈壁滩才会是这种情况。所以，对于那些较难攻关的科学难题，如果只是敷衍了事做表面文章，随意捏造一个事实的话，是很容易闹笑话的。再如，不久前，因涉嫌同行评议造假，著名学术出版机构施普林格出版集团宣布，一次性撤销旗下杂志《肿瘤生物学》从 2012 年至 2016 年发表的来自中国的 107 篇文章。据统计，这些论文涉及 77 家单位，包括复旦大学、浙江大学、北京协和医院、中日友好医院等知名高校和医疗机构。撤稿事件既反映了以论文为导向的评价体系的弊端，更暴露了我国科研诚信文化的长期阙如。①

（3）一稿多投和重复发表。为了早日顺利拿到学位、获得奖学金或者评上职称而要求尽快出成果，许多科研工作者往往采用一稿多投的方式将自己的作品同时发给不同的报纸杂志社或者出版社，或者在期刊编辑或者审稿人不知情的情况下将自己的同一个作品试图在两种或多种期刊相继发表，也就是所谓的自我剽窃。典型的相同科研成果重复发表的情况很少，最常见的就是作者就某个重大课题发表内容相同或者相近的多篇论文。

（4）不真实署名。不真实署名也是学术不规范行为的主要表现形式之一，一是作者之间相互署名。这样的结果就是每个人其实只做了

① 喻思变：《制度衔接仍存在盲点　法规条例威慑力不足：学术不端为何难处理》，《人民日报》2017 年 5 月 2 日。

一项研究工作却出了两篇以上的成果。二是实际没有参加科研工作的人却获得署名权。常见情况是对成果有实际贡献的作者故意将没有参加撰写论文的工作人员当成作者。三是故意漏掉某个作者的名字，或者没有参加研究工作或者论文撰写的人员署名成为不劳而获者，或者在成果发表的署名次序上不按工作量大小或贡献大小而按照地位职务高低进行排序等。这些不真实的署名情况实际上是严重的学术不规范行为表现。我们经常会看到这样的现象，权力和学术是相辅相成的，某人出了一点学术成果之后，随之而来的就是被提拔为领导，在随后的诸如此类申报、评审活动中，既是申报者，同时也是组织者，他们往往是学术机构的顾问或者负责人，可以直接在他人的成果下面挂名，甚至没有进行科研项目研究，也自有人将其成果奉之其后。当一项多人承担合作的集体项目在成果申报中只能填报几个人的名字时，一般都是领导、专家学者教授排在前列，而真正的研究者却是排名在后或者是榜上无名，在学术上是一种奇怪的现象。当一个研究人员没有成名的时候，是你的成果也不是你的；一旦成名之后，不是你的成果也会列在你的名下。

（5）找人代写论文。找人代写论文在时下有愈演愈烈的趋势，尤其是在大学，找人代写论文学生甚至教师都不乏其人。只要通过“百度”在网上一搜索，我们就会发现，代写论文的网站多如牛毛，而且对不同层次和级别的论文明码标价，这些现象都说明学术道德底线的崩溃以及学术诚信失范现象的广泛存在，同时也给这些网站得以长期生存下去的空间。在中国，一个普遍的现象就是大批的中、高级政府官员都获有硕士、博士学位且身兼数职。有报道称，某省曾经有 8 位正副省级干部都具有硕士研究生以上的文凭，可谓是世界之最。再翻开他们的简历看看，大多都是在职深造，不曾“脱产”读过书，甚至可以怀疑有的连毕业论文都是通过秘书代笔，被戏称为“假的真文凭”，与那些街头巷尾卖弄的“真的假文凭”相映成趣。

3. 学术成果鉴定或评优过程中的学术规范行为

学术成果最终要通过鉴定来评定质量差别，一般都是邀请业内的评审专家来进行鉴定。在学术成果鉴定或者评优过程中的学术不端行为主要有以下表现：一是某些专家对自己看不懂或一时弄不清楚的科研成果，出于自尊和面子，草草给个不负责任的评价意见。二是评审专家对“名流”的迷信。有的鉴定评优专家往往热衷于名牌大学、著名科学家，对他们提交的成果报告在审查评定的过程中都比较粗糙和宽松，并且认为出自“名流”之手的东西一定是好东西，不自觉地产生一种主观偏好和取舍行为，这种做法很有可能将一些来自小地方的小人物的成果给排斥掉。三是在课题评定过程中，科研管理人员不按照申请者的要求而回避不能进行评审的专家，或者故意泄露评审专家名单或者收买评审专家。而课题论文能够拿优或者获奖，无疑会为自己的职称评审添加重要的筹码。但是目前的评优获奖制度不完善以及操作程序还不够规范。现在各级科研项目的评审似乎都已经约定俗成为一种惯例，开后门、拉关系、重人情似乎已经司空见惯。对评审对象执行差异化的标准、亲疏有别，在评奖过程中往往重数量轻质量，形式主义严重。个别评奖甚至只是一个幌子，成了某些学术权威、官员照顾各方关系、实现各种利益勾结的过场活动。而某些科研人员或者教师也难以独善其身，热衷拉关系、找后门、托人情，甚至请客送礼、暗送红包的所谓“暗箱操作”，目前，大学中这样的学术不良风气有愈演愈烈的趋势。

4. 学术经历造假的学术不规范行为

学术经历造假分为三种情况，一是学位造假，二是职称造假，三是学术成果造假。学位造假一般是对个人信息进行伪造。这其中包括：伪造奖励证书、学历、学位证书等一些并不存在的荣誉或学习经历。从20世纪90年代开始，出现了一些归国留学生（戏称“海带”或者“海龟”）谎报自己在国外的留学经历以此拔高自己的学术地位的情况。一些新闻媒体或者报纸在报道归国留学生的感人事迹时，往往宣称他们“拒绝国外的高薪聘请，依然归国报效祖国”。前段时间全国媒体还报道了白求恩国际和平医院的主任医师薛某的事迹，讲述了他在国外进修不到一年的时间里发表了专业学术论文10篇，断然拒绝了年薪10万美元的高薪聘请而毅然决然回到祖国工作。但是当相关媒体向国外导师查证这一事实时，一切都是凭空捏造，可谓是空穴来风，无中生有。职称造假一般指的是故意抬高申请人或课题组成员的技术职称，编造所学专业；盗用一些人特别是知名专家或学者的姓名。如南京航空航天大学教师夏某伪造“国家自然科学一等奖”奖励证书，获得了不应有的职称和荣誉。山东师范大学教师张某在1999年国家自然科学基金项目申请书中将自己的讲师职称改为副教授，以逃避同行专家的推荐。学术成果造假在学术界一般常见的是夸大或虚报自己的履历以及成果等行为。

以上的诸多表现形式，以学术不规范的行为主体为依据，归纳起来可以分为四种类型：一是政府学术行政权力的腐败——学术行政权力的滥用；二是非政府行政权力的腐败——学术单位行政权力滥用和学政不分；三是纯学术机构（如学术委员会、学位委员会、职称评审委员会、政府聘用的评奖委员会）学术权力的腐败——学术权力行使不公正；四是学者自身学术行为腐败——学术失范。

二 学术不规范的危害

学术不规范的表现形式虽然多种多样，但其对学术发展和科技进步的危害、对国家和民族发展的危害却是同样严重的。

1. 破坏学术公平，影响学术氛围

学术诚信失范虽然在西方发达国家的科研历史上也是大量存在的，但由于我国的科研学术事业总体上尚处于起步阶段，整体水平落后但是发展迅速，如果在这一关键的发展时期，科研界大量出现学术诚信失范问题，并不能得到有效遏制则必然造成巨大损失，如公平的人才竞争机制被破坏，杰出的科学家受到不公待遇，高级人才大量流失，财政经费不能有效地使用甚至被浪费，科研水平和学术质量更会受到致命性打击，让原本刚刚建立的脆弱的科研体系更加紊乱，赶超西方发达国家的脚步势必会逐渐放慢。

学术不规范严重违反了公平公正的社会原则，是对市场经济下公平诚信竞争制度规则的巨大破坏。21 世纪初，我国加入 WTO 贸易体系，国内社会发展机遇增多，国家间的人才竞争、人才培养、人才储备都更加急迫，尤其是对于要努力实现民族伟大复兴的中国而言，如果不能建立有效的人才选拔机制，不能营造公平公正的竞争规则，就

必然将会在人才的国际较量中失败，导致高级学术人才、科研工作者的大量流失和凝聚力涣散。而科研事业在我国崛起复兴道路上的重要性是人所共知的，科研人才的培养和使用是直接关系到人亡政息的大事。人才流失、诚信缺失会破坏现有的生产力水平，导致科研事业的大大倒退。“劣币驱逐良币”的现象将会大量地上演，这又会进一步导致诚信缺失现象的加剧，进而背离了求真务实的科学精神，无疑严重阻碍着中华民族复兴的脚步。

在科研事业上，诚信缺失带来的是低水平研究的大量重复，抄袭将会成为许多低水平研究者趋之若鹜的手段。科学界更难以形成严谨求实的风气，“假、大、空”式的研究将会重新抬头并愈演愈烈，独创性、原创性的科研成果不再受到重视和提倡，学术作假、重复研究、投机取巧、剽窃、“搭便车”等行为很可能成为一些人争取实惠、谋求便利的手法，这将会进一步危害我国的科研事业，不仅导致我们难以产生一流的、原创性的科研成果，更会破坏正常的人才培养机制，可能使我们未来的经济建设和社会发展面临“无人可用、无才可用”的窘困，“创新型国家建设”将会遥遥无期。

2. 浪费学术资源，阻碍科技进步

科研是需要知识积累、时间检验的，其本质在于求真求实，而高端学术成果的出现更需要科研工作者通过不断的深入研究、反复实验才能完成。即使在国外，高水平的研究者在起步阶段也很少发表论文，在很长时期内仅有几篇文章发表，一生中只出版若干专著的科学家更是大有人在，甚至有的科研巨擘一辈子仅有一项研究成果问世，然而这些成果、作品却代表了当时学界最高超的研究成果，体现着那个时期的学术研究水平，并且往往成为后世的巨大财富。例如，诺贝尔物理学奖、生物学奖、医学奖等是举世公认、享有世界声誉的奖项，历数每届获奖者的研究成果，一般都经历了研究者数十年的孜孜不倦的勤劳，饱含着研究者一生的价值追求，而得出的科研成果也必然是世界级的、原创性的。但是，反观国内一些急功近利的学者，他们一年就能产出多项专利、十余篇论文，甚至每月都能有若干科研成果，自称某领域的专家学者。但是，这些多如牛毛的所谓原创性成果难以经受时间的检验，许多都存在学术抄袭、剽窃他人劳动成果、低水平重复及拼凑等问题，基本没有较高的科研价值，形同学术垃圾。甚至一些大学教材的编写都出现上述现象和问题，如国内近200种马克思主义哲学教材，大都借鉴了中国人民大学学者李秀林的《辩证唯物主义和历史唯物主义》一书的理论观点和论述表达。这些低水平成果戴着“中央、省部级”课题的光环，不断地被批量化生产出来，最终压缩排挤了优秀教材、经典教材的生存空间，这也是近年来学术抄袭事件竟然扩大到大学教材编制中的原因。这些不良现象无疑严重打击了正常淳朴的学术研究氛围，大大破坏了学界科研秩序和规范，导致科研工作者无心安静地做学术、搞研究，助长了浮夸、虚荣的不良习气，必然使原本就十分紧缺的科研资源被浪费，不利于科研水平的提升和新成果的产生。

3. 影响国家“科教兴国”战略的实施

人类近现代史上，世界强国的真正崛起无不依靠教育和科技。中国也正是借鉴发达国家的发展道路而提出了“科教兴国”战略。科研能力和人才素质是“科教兴国”战略能够实现的关键要素。在当今知识经济时代，科研人才的培养要依赖高等教育、依赖学术体系。学术诚信无疑在这个体系中占据十分重要的位置，没有诚信就意味着学术界失去了优秀科研人才成长的热土，对学者科研能力的培养和发挥都带来不可估量的损失。科研水平、学术能力是一个民族进步的原动力之一，很大程度上代表着一个国家民族文化的精华。同时，学术诚信也影响着一个国家科学技术的发展路径，对于科研领域的主题热点、前沿趋势都有一定的潜在干预。尤其是在我国“科教兴国”战略实施过程中，学术诚信行为能够促进科学界对前沿主题的挖掘，敢于投入对“新、精、尖”领域的研究，不做重复性、低水平的成果，避免原地踏步式研究。然而，学术诚信的缺失却严重地伤害着科研工作者的学术精神，不仅阻碍了他们在科学道路上求真探索的步伐，还会使正在踏入科研领域的新人产生投机思想，不利于创新型科研人才的培养，严重的甚至会导致我国科学研究能力和人才素质水平的大滑坡。而这对于中华民族“科教兴国”战略的实施无疑是一场灾难。失去科研诚信将会直接导致大量抄袭、作弊、剽窃等不良行为的产生，这对于国际科技竞争而言无疑是自掘坟墓的行为。事实上，21世纪以来，我国为了改善科研投入不足的状况投入了大量的财力、物力。但在大学、研究所等机构中，为了追逐利益的学术不端行为却大量滋生，而且有愈演愈烈的趋势。这些都不利于我国"科教兴国"战略的实施。学术诚信失范等不端行为的大量发生，同样不利于中国国际形象的构建，并且会严重阻碍创新型国家的建设，不利于国家民族的长远发展。

4. 破坏社会伦理氛围，引发信任危机

近年来，我国将竞争机制引入学术领域之中，旨在通过科研竞争提升我国科学界的整体实力，但却在一定程度上产生了不良的影响，致使大量的学术失范现象的产生。大量学术不规范行为的发生，使公众对科学界产生了不信任的强烈情绪，破坏了社会的伦理氛围，引发了信任危机。一直以来，科学工作者都因为他们的公正、正直和诚恳受到人们的尊敬，也被誉为先进文化的传播者和推动者。不同年代的科学工作者，都用他们的努力创新和踏实肯干的工作态度以及他们的工作成果引领着社会时代的发展，引导着人们思想观念的进化与发展，是时代的推动者。因此，一直以来，科学工作者都被人们尊敬和敬仰，并被人们信赖。但是，学术不端行为的发生暴露出部分科学工作者不再坚守职业道德，为了个人利益出卖良心，给世人树立了一个不好的榜样。这也是我国精神文明建设过程中必须重视和解决的问题，学术不端行为的产生反映了时代发展的局限性，也是社会病态化的呈现。因此，我们必须严格打击学术不道德现象，这样才能构建学术诚信文化体系，有效地推进我国的精神文明建设，防止信任危机愈演愈烈。近年来，我国市场经济体制逐步确立，学术界也在经受着市场的冲击。学者们的思想观念也难免会发生变化，一些人开始贪图享受，追求金钱利益，名利之心日重，加之目前我国科研院所、大学机构的科研激励评价体系还不完善，这就更进一步刺激了一些科研工作者放弃"冷板凳"，寻求所谓"捷径"谋求不正当的利益。早前胡适先生就曾经谈过发表与研究的关系，发表是对一个人研究成果的尊重，也是实现个人价值的重要途径，同时还换取了学者的日常生活的报酬。但是，目前不太完善的评价体系和日益高涨的逐利之心显然扭曲了经济利益、个人诚信、学术研究等之间的关系。一味地强调论文和专利等科研成果的数量，却忽略了它们的质量，导致学术成果不够原创、没有创新，只是低水平地大量重复，被称为“学术垃圾”的作品越来越多。由学术诚信缺失行为引起的学术造假、学风不正不断发展下去，必将对学术研究这片净土造成致命性打击，进而引发整个社会信任伦理的缺失。

总之，对当前正处于加快发展战略机遇期的中国而言，科学界应清醒认识到，科研诚信失范行为的危害不止于腐蚀科学记录的可靠性、影响科学研究的质量，也不止于败坏科学道德学风、影响科学的纯洁形象和科技界的崇高社会信誉，而更在于从根本上危及“科教兴国”战略的顺利实施和中华民族的伟大复兴之路。

第三节　学术不规范的归因分析

造成学术不规范的原因是多方面的，在管理科学上，研究造成学术不规范的影响因素并形成理论模型，对于深入治理学术不端行为具有重要的理论意义和实践价值。

一　科研工作者的个体因素

学术不规范行为的主体无疑是科研工作者个体，在“经济人”假设下，科研工作者无疑也都有现实的利益需求和价值取向。当学术道德的力量无法遏制住科研工作者个人内心对经济利益和社会名利过度的追求，而通过学术不端行为获取的利益远远大于所可能付出的成本时，科研工作者产生学术研究道德风险的概率就会不断攀升。科研工作者自身道德水平和价值观念是学术不端行为产生的内在因素。

1. 个人价值的取向

当一个人言行不一致的时候，或者是言语和思想不统一的时候，我们常常就会认为这个人的品行有待进一步提高，至少给人不诚实的感觉。如果这种不诚实的道德品行进一步持续发展下去的话，就很有可能会形成一种人格缺陷，即我们所谓的双重人格。在中外历史上，人格分裂的案例不乏其数。康生就是一个活生生的例子，他在做学问方面可谓是学问高深，是马克思主义理论方面的大家，但是在生活中却是一个卑鄙的小人。中国传统文化要求的文如其人即使对于“学术大家”而言也是终生难以实现的，在学术界和教育界通常存在一定的且不在少数的“双重人格”特征和行为方式的学者。学校有关部门的管理者遇到这种情况也感到非常棘手，久而久之也觉得“说一套做一套”是情有可原的，学者普遍感到文章是不能当真的，不能以文章来衡量人的行为，只能是说说而已，因而在自己的教育教学行为中也能将二者娴熟运用并区别开来。在全国大学评估中，学校和教师的道德行为的“双重性”就是一个典型的例子，学校和教师一边教育学生要诚实做人，另一边却为了在评估中获得高分而找学生抄写试卷，竭尽全力造假拿高分，在具有两面性的言传身教和潜移默化之下，学生不知不觉受到“双重人格”的浸染和影响，甚至也学会了“说一套做一套”，不说实话，不老实办事，不诚实为人。而在这样一个浮躁的学术环境里，为什么有的人就能够静守一方净土而严格自律坚守学术道德底线，而有的人却不能够严格自律而超出道德底线？这一切事实的背后，与个人道德修养和人生价值取向有莫大的关系。可以这样说，学术诚信失范的深刻根源就在于个人价值取向的不同，最突出的表现就是“名利至上”的价值观念占据了某些学人道德修养的空间。更为遗憾的是，学术界的文化人都有一个弊病，那就是心理上的自我辩护和自我欺骗，明明是禁不住外界名利的诱惑，却非要说成是观念认识的深刻变化以及犹豫不定的两难抉择，哪怕是人文的、历史的、唯心的理由都一一列出来，唯一回避的就是个人价值观决定的良知。

2. 急功近利的倾向

学术不端行为的产生，重要的原因是急功近利，而急功近利的根源在于科研工作者获得科研经费支持的迫切心理。自 20 世纪以来，科学研究逐渐成为一种社会认可的职业，社会对科研工作的巨大经费投入也是有目共睹的。如今，科研活动不仅变成一种谋生的手段，也成为一种普遍的生活方式。正如美国科学家普赖斯（David Price）所说，科研工作者数量增长非常迅速，世界总人口数量翻番，而科学家的数量却翻了三倍。[①] 而就我们对科研项目的经费资助来说，无论是社会企业资助的项目还是政府资助的项目，最终的结果都必须看到实实在在的科研成果，而成果的产出也有一定的时间限制，否则获得的科研经费就要被中断。“随着科研人员数量的剧增，科研这种职业竞争压力越来越大”。[②] 科研人员获得的科研项目的资金来源主要有国家科研基金、企业基金以及非营利性公益机构的科研资助。从某种意义上来说，科研工作者要是申请不到科研经费就无法继续从事学术研究，也就失去了生存的本领。因此某些科研工作者常常为了得到某个项目的经费支持，不得不针对这些项目的标准和要求采取各种手段积极应对。但是，科研经费毕竟是有限的，而在当今科研人员数量剧增的前提下，科研工作的辛苦也是显而易见的，必须有艰苦扎实的努力才会出成果，有时甚至屡败屡战。面对“僧多粥少”以及急功近利的科研浮躁风气，加之科研人员不断加大的心理压力，总会有部分人通过各种投机取巧的方式来获得各种资源和经费，甚至在学术界获得一席之地。“为了在同行竞争中取胜，快速获得科研经费以及各种资助，一些科研人员不得不采用非常规行为进行科研舞弊，从而产生学术越轨行为。”[③] 结果就是不可避免地导致了科研工作者在课题申请阶段作弊，在科研活动中作伪，在成果发表中投机的一系列学术不端行为。尽管人们已经很清楚科研无法做到自给自足，也无法完全用一种量化考核的指标来进行评判，但是历史发展到今天，综观世界各国的通用性做法，就是用量化的考核指标或者是解雇的惩罚方式对科研工作者施压，目的是让他们能够又快又好地出成果。但是这种做法的结果就是，尽管在激励科研工作者方面会达到一定的正面效果，但是随之而

---

① 卢艳君、金俊岐：《科研越轨行为成因的社会学解析》，《科学技术与辩证法》2006年第4期。

② 赵万里、邢润川：《科学中的越轨行为：分析与对策》，《未来与发展》1993年第6期。

③ 同上。

来的负面效应也出现了，那就是也增加了科研人员投机取巧的学术造假行为。因此随之而来的互相署名，挂靠他人成果、一稿多投、剽窃篡改数据结果或者伪造学术成果都是非常多见的现象。

3. 追求名利的心态

科学研究自17世纪开始就已经逐渐成为经济社会生活的一个重要组成部分，也是许多国家重要的制度性安排。因此，在科学探索的路途上，总会牵扯到相应的荣誉、地位甚至是既得利益，于是学术诚信问题也就逐渐浮出水面。[①] 曾经有新闻报道出某些学术大家甚至院士的学术越轨和学术不规范现象在整个学术界都引起了强烈的轰动效应，他们对经济名利地位等的过分看重以及在学术研究中的急功近利的浮躁心态都会使一些科研人员不顾一切代价超越学术道德底线。一些科研人员剽窃他人成果或者篡改实验数据结果或者伪造学术经历等，甚至是通过拉关系、走后门使自己的成果顺利通过评审拿优获奖等都是追求名利的表现。作为同行评议人也会出现为个人名利增加筹码而出现学术失范的行为，如剽窃被评议人的研究成果，或者故意拖延别人成果的发表时间以让自己的关系户优先发表或者自己的成果优先评奖等。作为科研管理者更是滥用公共权力而为自己谋得名利，如以权谋私为申请人开后门，或者为了一己私利而故意泄露评审专家的名单，或者根本就不回避申请者请求回避的专家，或者伪造评议人的意见而操纵评议结果等。所有这些超越学术道德底线的学术不端行为，都成了他们获取不当名利的重要筹码。

二　科研共同体的群体性因素

每一个科研工作者都存在于一个科研共同体之中，并受这个科研共同体的人际、舆论和行为规范的约束。科研共同体（Scientific Community）是某一方面科学研究人员组成的专业团体和学界，是现代科研建制的核心。某一领域的科研共同体共同遵守同一种科学话语和行为规范，同一科研共同体的成员接受过大体相同的理论和实践培养，

---

① 刘延东：《在科研诚信与学风建设座谈会上的讲话》，《光明日报》2010年4月9日。

有着相近的研究领域，熟悉本研究领域的发展历史，掌握着大体相同的文献材料和科研数据，有共同的研究对象和探索目标。美国科学社会学家 K. 默顿对科学共同体的作用进行了深入的研究，他认为科学研究的目的就是要获取可靠的知识，而科研共同体的任务就是要建立和发展科学家之间那种为获得可靠知识而必需的最佳关系。他提出科学共同体的准则：普遍性、公有性、大公无私和有根据的怀疑态度。①同时，科研共同体还担负着开展学术交流、出版刊物和发表成果、维护公平的科研竞争和协作、承认和奖励科研成果、塑造科学规范和方法、监督维护好正常的科研秩序、培育科学新人、开展科学普及和知识传播等社会功能，其中，维护科研领域的学术诚信成为科研共同体社会责任的应有之义。

科研共同体存在的道德功能就是要保持科学研究的公正、公平与正义，保证科研共同体的成员遵守最基本的学术诚信与规范。要实现这个目标，就要有一个运行良好的监督机制和惩戒机制，做到及时检举揭发制止学术不端行为，并对学术不端行为进行严厉惩罚。然而目前现实的情况是，我国科研共同体的道德监督功能还比较缺位，科研共同体的群体性制度约束还比较薄弱，科研集体内部相互袒护的心态和行为还比较普遍。首先，科研共同体内部缺乏一个有力的监督机制和举报者保护机制。科研共同体内的很多成员不愿意、也不想、也不敢理直气壮地去检举揭发其发现的学术失范行为，因为对于知情者而言，一旦揭发出某个学术不端行为，特别是检举出那些有一定身份和地位的科研人员的学术不端行为，他将面临来自各方面的压力。一方面，被检举行为人所在的科研机构，可能会本着“家丑不可外扬”的心态，编制若干理由对这种学术越轨行为给予袒护，同时给予举报者以不应该有的心理压力，反而让举报者处于觉得自己是一个搅局者或破坏者的尴尬境地。“举报无结果、举报无效果”往往成为科研人员不愿意举报的重要原因。另一方面，检举者的合法权益有可能得不到应有的保护，揭发学术越轨行为的人很可能遭受各类打击报复，面临

① 冯长根：《年轻科研人员如何走向成功》，《科技导报》2008 年第 26 期。

在科研共同体内部或外部失去进一步发展的机会和支持。科研共同体内部处理学术不端行为的流程，以及检举人不能得到有效保护的现状，使科研人员举报学术不端行为不积极。因此，科研共同体成员检举揭发不力和科研共同体内部的包庇袒护是学术越轨产生的群体性因素。其次，科研共同体内部还没有建立起对学术欺骗行为的严厉的惩戒机制。某种学术不端行为被揭发出来，其所在的单位往往也是轻描淡写、大事化小，很难从根本上剥夺学术不端者的根本利益。学术不端行为的惩戒机制的不完善和不严厉，就导致学术不端行为一旦发生，不能得到及时严肃处理，客观上对后继的学术不端行为的发生产生了负面的默许和纵容作用。正如斯坦福大学前校长唐纳德·肯尼迪分析认为："学术研究并没有建立起一套严谨的系统，对于学术研究活动中的不端行为，也往往缺乏形成有效决议的机制。一方面，即使在学术研究的过程中发现了某些人的学术越轨行为，往往很多科研工作者们也大多保持缄默，害怕公之于众之后玷污了学术声誉。另一方面，有关专家小组在分析具体问题时十分粗糙，在具体问题的执行过程中也始终难以程序化。"① 目前，我国科研领域揭露学术不端的现状与美国过去的情况也极其相似，由于科研群体公平正义道德意识的缺失，加之科研共同体内部没有建立有效的监督惩处机制和检举者保护机制，要单一依靠科研共同体自身的力量来开展学术诚信的治理就很难奏效。

与此同时，与科研共同体密切相关的共同利益者——资助机构、编辑出版机构、新闻媒体等都在学术不端行为的产生过程中起到了负面的推波助澜的作用。对于资助机构而言，往往只注重科研项目的发审，而缺乏对科研课题进展的监督检查，对于科研成果的审核也主要依靠科研共同体内部的同行评议，对于科研不端的投诉也只能依靠科研共同体内部的专家学者。一旦某个科研共同体的内部道德监审出现问题，揭发学术不端行为的投诉就很难得到及时处理，学术不端行为

---

① ［美］唐纳德·肯尼迪：《学术责任》，阎凤桥等译，新华出版社2002年版，第122页。

也就难以得到严厉的处罚。对于期刊编辑机构来说，在目前我国不规范、不完善的论文评审制度中并不存在论文评审的责任倒查机制，无论是审稿人还是责任编辑，谁都不会因为同意发表了学术造假者的论文而受到任何处分，这就在一定程度上大大降低了论文审查的严格性和严肃性，也为学术刊物发表“人际论文”“关系论文”埋下了祸根，也就降低了学术刊物对论文质量的把关能力。更有甚者，在当前学术界比较浮躁、考核主要以学术论文数量为指标的情况下，一些论文期刊杂志社为了收取更多的版面费，一味想方设法扩大杂志的版面，并缩小字体、增加页码，其目的根本不是让更多的科研人员有机会发表论文，本质是为了创收。这种商业化的运作模式导致论文发表数量剧增，同时也让一些科研人员没有静下心思来搞研究而是想方设法投机取巧走捷径。一些出版社也出于经济利益的考虑，为了增加出版数量，缩短出版周期和时间，督促一些科研工作者尽快交稿出版，而某些科研工作者为了完成任务而草草敷衍了事，甚至是抄袭剽窃。有的出版社每年都要定期为某些科研工作者出版一些带有专题性质的系列丛书，作者只要肯交版面费，就能使自己的文章登上杂志。某些科研人员通过花钱刊载的论文、出版的著作，多数都是为了应急的需要而东拼西凑的低质量论文，科研成果的发表就成了金钱的交换。这在某种程度上也为某些科研工作者抄袭、剽窃等学术不端行为提供了条件。有的新闻媒体甚至对一些虚假的科研成果或者论文进行吹嘘和有偿报道，而这些违反新闻道德和职业操守的媒体行为却能躲避惩罚，这在某种程度上也为弄虚作假的科研行为助长了不良风气。①

三　学术治理缺陷的制度性因素

学术不端行为的产生，既有科研工作者个体道德品质和价值取向的主观原因，也有科研共同体群体内部公平正义道德观念缺失、监督惩处机制和检举者保护机制不完善的客观因素，更有整个学术治理的制度性缺陷原因。近 30 年来，特别是近 10 年来我国的科学研究事业发展迅速，科技人员数量成倍增长，然而我国的现代大学制度建设才

---

① 王锋：《科学不端行为及其成因剖析》，《科学学研究》2002 年第 1 期。

刚刚起步，学术治理结构和制度建设在很多方面还不够完善，仍处在探索和发展的过程之中。学术治理的诸多制度性缺陷是学术不端行为产生的关键性因素，在诸多学术治理的制度缺失中，又尤以科研成果的量化指标考核体系和程式化的评议鉴定制度最为要紧，这两项制度的内在缺失对于学术不端行为的产生起到了催生和纵容的负面效应。

1. 以结果和数量为主的量化指标考核方式

当前，在我国的学术科研界，几乎所有的科研机构、资助机构、评奖机构、荣誉授予机构等都会将科研人员的年度工作考核、职称晋升与岗位聘任、课题申报与鉴定、各类奖项和荣誉评审与一系列的数字化的、定量化的考核指标相联系。这些与科研人员密切相关甚至决定科研人员学术生涯和前途的机构，往往都要求科研工作人员承担一定级别的课题项目（国际级、国家级、省部级等），获取一定数额的科研经费；在一定期限时间（短则 1 年，长则 3—5 年）内发表一定数量和一定级别的学术论文（常见的要求论文被 SCI、SSCI、EI、CSSCI、北大中文核心期刊等检索期刊收录）或主编出版专著、获得专利发明、撰写主题报告等；并获得一定级别的科研成果奖。如果科研人员不能到达和满足凡此种种的量化考核指标，其就不可能获得课题资助、不可能获得职位晋升，也就不可能获得各类荣誉和学术地位，科研人员甚至连在学术科研界继续生存下去的可能都没有。对在读研究生，也有类似的量化规定，大学往往要求他们在校学习期间必须在一定级别的杂志刊物上发表一定数量的文章才能毕业，否则就不能顺利拿到毕业证和学位证。不可否认，为了提高科研人员的学术水平以及研究生的科研能力，对他们进行一定的量化考核，使其兢兢业业工作、勤奋刻苦学习，本是无可厚非的事情和必要的激励手段，但问题是，目前我国学术科研界往往只单一地追求这些量化考核指标，而且这些硬性的指标往往也缺乏人性化和科学性，这就会使科研人员一直处于“硬性考核指标”的巨大精神压力之下和出成果出奖项的紧迫感之中。学术界单一追求量化考核指标的普遍做法在本质上是一种“结果至上”的科研考核观和制度安排，其特点就是只重结果不重过程，只重数量、级别不重质量。“这种把学术评价的复杂化变为简单化、庸俗化的评价方式，就很容易滋生出敷衍了事的低劣的学术作品，这也是学术越轨产生的根源。”① 科研机构喜欢使用数字化的量化考核指标，一是便于简单操作，二是可以计量，但是，从某种意义上来说，量化的考核方式虽然有一定好处，却不能真正促进学术的发展，反而会让科研工作者产生急功近利、单纯追求科研数量的观念。

这种仅以结果和数量为导向的量化指标考核方式存在严重的内在制度缺陷。一方面，以数量为导向的量化考核方式没有考虑到科学研究特别是基础学科的研究是一个需要长期默默探索的过程，“板凳要坐十年冷，文章不写一句空”，国内外科学发展史上许多著名的科学家和大师终其一生仅仅就只有一两项重大发明和科研成果，未必能拿得出多少公开发表的学术论文，但他们对科学发展的贡献却是有目共睹，令世人敬仰。反观当前我国的科研考核体系，单一追求数量的考核方式必然会催生科研工作者急功近利，为了尽快完成指标任务而采取应付了事的态度搞科研，单纯追求数量，而不是潜心研究，把学术做深做透，为了获取更多更大的经济利益和各类荣誉地位而到处拉关系、找课题，而不是真正把科学研究事业当作一件神圣的需要负责任的事业。另一方面，以结果为导向的量化指标考核方式，也漠视了科学研究是一件冒险的探索事业，努力也不一定有结果，也许经过大量的实验和研究不一定能得到预期的科研结果，然而这种没有成果的科研在当下的科研考核体制中是无法得到认可和承认的。所以，这种只重结果不重过程的量化考核方式也会带来科研工作者为追求出成果而不惜在科学研究中弄虚作假、捏造事实。

在这样的学术指标考核制度环境下，许多科研人员为了尽快拿到职称，为了尽快拿到高标准的科研项目经费，甚至有的为了拿到奖励金或者提高待遇等不得不随波逐流，很难让人有“十年磨一剑”踏踏实实的钻研精神，大多是为完成量化的考核指标要求而显得心浮气躁，又快又好地出成果。

---

① 卢艳君、金俊岐：《科研越轨行为成因的科学社会学解析》，《科学技术与辩证法》2006 年第 4 期。

因此，一些科研人员经常采用投机的一稿多投方式，或编造实验数据，甚至剽窃抄袭他人成果等方式获得科研机构或者社会的承认。科研管理工作中的量化考核指标的弊端是很多的，一方面是剥夺了科研人员的自由，另一方面也制造了许多虚假的繁荣和背离了学术研究的初衷。正如英国剑桥大学的资深科学家彼得·A. 劳伦斯所说，这个社会就是典型的数字化“审计社会”，数字化的审计比用各种复杂指标评价科研成果相对要简单很多，那些掌握学术资源的人在评价一项科研成果时，通常是根据“表现指数”来进行衡量，而不是评价学术本身，在对每项指标进行精确计算之后，最后指标也就变成了目的所在。①“量化指标”的学术考核方式是诱导学术不端行为产生的制度性根源。

2. 程式化的学术期刊审稿方式与同行评议鉴定方式

如果说量化考核指标可能会带来科研工作者急功近利地搞科研，容易催生大量的学术不端行为，那么，作为当今学术成果最主要的发布平台——学术期刊的程式化审稿方式，以及作为科研成果鉴定和审核的同行评议方式都存在放纵学术不端行为发生的可能。

在前文所述的各类科研量化考核指标中，一定会要求科研人员在某个级别的学术刊物上发表学术论文和成果。学术期刊作为学术论文重要的展示和确认平台，本应该对学术成果的真实性和质量高低进行评价，然而由于各种主客观因素，学术期刊很难完全承担这样的学术审查责任，特别是学术期刊程式化的审稿方式为学术不端行为的发生提供的可能的空间。我们知道，根据大多数期刊的通常做法，学术期刊编辑部在收到科研人员发来的学术论文后，都要通过同行专家审稿这个既定的环节对学术论文的质量予以审定。审稿人在收到学术论文稿件后，首先考虑的因素是论文的选题是否有价值、内容是否新颖，实验的程序设计是否合理，研究方法是否有依据或者可行，作者提出的观点是否有足够的说服力，论证过程是否具有严密性等，然后再决定是否被录用。应该说，绝大多数的期刊审稿专家是认真负责地对待

① 彼得·A. 劳伦斯：《论文产出的经济学》，《科学时报》2003 年 4 月 3 日。

每一篇学术论文的，但由于受审稿时间、工作精力、研究领域熟悉程度等因素的局限，审稿专家对每篇论文是否存在学术不端行为是不易察觉的，特别是对于那些存在复杂实验内容和过程的学术论文，审稿专家更不可能去重复做实验来验证，只能从论文的内容的内在逻辑性去推导，当然也不会发现论文中可能存在的问题。“同行评审没有做好处理杜撰或造假数据这类作伪行为的准备，期刊也不需要作者提供原始的数据材料和其他实验论证过程，因为琐碎的工作要耗费掉大量的时间、精力、物力、人力以及财力。”① 在通过了审稿这一环节之后，论文稿件就会正式进入编辑程序，如果在前面的环节没有对论文的科学性和真实性提出任何质疑的话，那么期刊编辑对论文进行细枝末节的修改之后就可以正式发表了。每个期刊每年甚至是每天都会收到来自全国各地的多如牛毛的稿件，要逐个去核实论文的真实性也是不现实的问题。然而，正是因为在审稿和编辑环节的疏忽漏洞，才会为造假的学术论文提供钻空子的机会。

与此同时，学术期刊对存在造假情况的论文的制裁手段也十分局限，这在某种程度上也放纵了学术不端行为的发生。这些期刊根本就没有时间或者是没有能力去发现甚至是制裁那些有欺骗性质的论文。对于编辑部来说，即使他们有一套完善的制裁造假论文的法规条例，但是最后真正进行制裁的力量也是微不足道的。他们可以对那些有欺骗行为的论文拒绝刊登，但是现在期刊到处都是，造假论文不进这家，就去了那家，所以这一惩罚机制显然没有足够的威慑力和震撼力，也起不到任何制裁的效果。“他们可以公开那些造假论文作者的姓名，但是又会遭到法律的反对，对于这种损人不利己的事情，他们也不愿意这样去做”。②

在现实中，由于某些期刊编辑工作人员的失职渎职也让存在学术造假或质量低下的论文刊登上期刊。首先，编辑人员对学术不端行为

① ［美］唐纳德·肯尼迪：《学术责任》，阎凤桥等译，新华出版社2002年版，第273页。

② 同上。

的认识还不足，容易产生对学术论文真实性的信任。编辑人员历来对科研工作者都是持以信任的态度，绝不会事先假设他们会作出欺骗的行为，对他们的信任是放在第一位的。有些编辑人员过分相信作者，无论是对他们的单位介绍、自身经历或者是学术背景都深信不疑。同时，对论文的来龙去脉以及科学性和真实性都不会去质疑，更不会相信作者会轻易地捏造一些假观点和实验结果。正是基于这种信任，编辑人员不会主动怀疑科研人员在学术论文中存在故意的造假行为。[①]其次，某些期刊的编辑人员还会利用手中的职权为一些学术关系户大开方便之门，提供提早发表学术论文的机会。而某些科研人员担心论文质量不高而发表不了，或要急于结题、报奖、评职称等需要赶在某个时间段之前把论文发表出来，就千方百计地托各种关系找期刊编辑人员开"后门"，把论文发表出来。这些论文大多是短、平、快、搞突击而撰写出来的，论文的质量一般不会太高，编辑在处理这方面的论文时也会感到困难。但是，有些编辑会为了一己私利而将这些劣质论文刊登出来，于是某些期刊就变成了假论文、假成果的"生存土壤"。

四 学术生态的环境性因素

学术生态也称学术环境，是科研工作者开展学术研究所处的经济、政治、文化、社会大环境及科研机构小环境的总称。学术生态对科研工作者的科研行为的影响是潜移默化的和持久的，一个公平正义的良好的学术生态环境会催生出科研工作者不计名利、实事求是、追求真理的科研作风；相反，一个浮躁成风、唯利是图的学术生态环境就会催生出大量的学术不规范和学术不端行为。当前，我国大量存在的学术不端行为与我国尚缺乏良性运作的学术生态的环境性因素密切相关。

1. 经济环境的影响

学术不端行为虽然在很早以前就出现了，但是自从20世纪80年

---

① 施莼、甘辉亮、张阵阵：《浅谈科研诚信与科技期刊的责任》，《海军医学杂志》2009年第2期。

代开始，学术诚信失范行为现象就已经有逐渐扩大的趋势，一方面是学术在自身发展的过程中使然，另一方面是受到社会经济因素的影响而不断强化的。尤其是进入21世纪以来，科技革命在推动经济发展、提升人们生活水平、提高国家综合经济实力和竞争力等方面起到了很好的促进作用，世界各国都在颁发新的科技政策，推动科研机构与大型企业合作，鼓励科研工作者加强科技成果的转化推广应用。例如在美国，为了规范科学技术的良性循环发展，美国政府在20世纪80年代就颁布实施了《史蒂文—惠德勒技术创新法案》，目的在于鼓励科研机构加强与企业的市场合作，加速科技成果转化，让政府部门将部分专有的发明专利许可权授予企业；将政府专项资金投入开发的技术专利权都转让给企业、大学甚至是一些与政府签订合同的非营利机构。当贝一道尔专利权与商标权修正法案顺利通过国会的时候，大大激发了科研机构转让发明专利权的积极性和动力。[①] 1986年，美国国会又通过了《联邦技术转让法案》，激发了科研机构与企业的合作关系发展，实现了科研机构与企业专利的互通有无，科研成果得以迅速转化为经济效益，最终为提高生产力发展做出贡献。这些法案的相继出台，大大刺激了美国20世纪90年代经济的发展，同时也加快了世界经济发展的步伐，也给科学事业带来日新月异的变化。世界范围内经济的发展和科技的进步，使那些研究型综合大学的科研工作者，不仅要从事基础性的理论研究以及传播科学知识，还要发挥服务社会的作用，推动实体经济的发展并为人民大众谋福利。随着公众对科研机构期望值的逐渐提高，不管是政府、公共部门，还是企业、社会基金，都加大了对科研的重视程度以及经费投入，随之而来的是，科研工作人员的社会地位和作用也在发生翻天覆地的变化。科研工作者不再是“不食人间烟火，远离闹市喧嚣”的圣人[②]，对他们来说，搞科研出成果不仅能得到社会大众以及科学共同体的认可，还能获得各种

① 曹南燕：《科学活动中的利益冲突》，《清华大学学报》（哲学社会科学版）2003年第2期。

② 李醒民：《科学的精神与价值》，河北教育出版社2001年版，第1页。

商业经济利益，获得各种咨询费、专家评审费、股利、红利等。科研工作者在经济大潮的冲击下容易失去学术的独立尊严，沦为经济发展的附庸。

在经济社会以及科学技术创新发展的过程中，从事科研工作的人员数量的增多以及学术科研活动范围的进一步扩大，给科学系统的正常运行带来许多意想不到的问题和矛盾，其中最为严重的一个问题就是当今学术诚信受到极大的挑战。在科研活动中的利益诱惑下，一些科研工作人员很容易丧失学术道德底线，把学术研究作为获得利益的筹码，而丧失了原本对科学真理的执着追求。于是就出现了这样的现象，一些科研工作人员为了获得不正当的利益，不惜一切代价在课题申报中弄虚作假，在同行评议中拉关系，在成果发表中“暗箱操作”，在科研成果评价时压制竞争对手等。随着学术研究的社会地位不断提高并逐渐演变成一种职业的时候，学术评价过程也往往伴随着学术资源的重新分配过程，对一项科研成果评价的好坏，直接决定着某些人的经费获得、论文发表、职位提升、拿学位、拿奖学金、成名等。在“马太效应”的影响下，这一“能”与“否”的差别评价会在若干年后拉开巨大的差距。在同行评议中，在巨大的关系网和利益网的交织下，严重影响着学术资源的公正分配。

在学术成果的展示中，在各种经济利益的驱使下，在商业利益的巨大推动下，一些科研工作者往往为了制造一些轰动效应或者是为了抢占商机，对学术成果的经济效益和实用性的追求会胜过对其客观真理的追求。[①] 他们想方设法让其成果在重要的学术刊物以及国际会议上发表，甚至还要动用商业媒体的新闻炒作加以推广。在利益驱使下推出来的科研成果大大蛊惑人心，加深了对公众的欺骗和误解程度，同时也降低了社会公众对科研工作者的信任。因为，学术成果要在重要的专业期刊以及重要的国际会议上发表，必须经得起同行的反复实验以及反复推敲，这才足以证明其具有一定客观性。如果不通过正常

---

① 曹南燕：《科学活动中的利益冲突》，《清华大学学报》（哲学社会科学版）2003 年第 2 期。

的渠道就能发表，那么在科学共同体内长期形成的同行评议制的自我完善功能就会丧失本应该发挥的作用，进而动摇整个科研事业的根基。

2. 浮躁的社会风气

在市场经济发展的过程中以及经济体制转轨的交替时期，文化思想价值观念的多元性必然会带来一系列负面的影响，市场经济是讲究利益原则的经济社会，很容易在社会上形成一种急功近利的浮躁风气。浮躁是一种社会现象，它是社会中一些群体和个体在表达某种追求时呈现在社会上的某种盲目性、冲动性、非理智性的反映。在社会浮躁的风气的感染下，由于浮躁、浮夸的跑步前进“大跃进”式的主观愿望很难满足现实利益的需要，在成就一批既得利益者的情况下，明知操作不太可行也会从表面上搞得轰轰烈烈。在平静的学术界也难免会受到一些浮躁风气的浸染。一些科研人员坐不住了，耐不住现实的诱惑，患得患失，虚荣心太强，唯恐榜上无名而落后他人。说起来口若悬河，做起来就是另外一套。而在我们的学术评价以及社会评价体系中，往往将学术水准作为权钱利益的标准尺度，就在一定程度上更加强化了科研工作人员的以权钱本位之上的社会观念。

五 文化、伦理、制度和法律层面的因素

近年来，学术不规范行为层出不穷、愈演愈烈，产生这样的情形必然是众多原因引起的，以下从文化、伦理、制度和法律四个层面对学术不规范行为产生的原因进行分析。

1. 文化层面

中国古代传统文化在诚信教育方面有诸多体现，如两千多年前，孔子就主张“言必信，行必果”。此外，我国的语言体系里还有大量诸如“一言九鼎”“一诺千金”“一言既出，驷马难追”这样称赞诚信精神的成语。在古代诚实守信早已成为人与人之间交往与沟通的“试金石”，在社会发展进程中起到举足轻重的作用。但在学术领域，其针对学术不规范行为的约束力略显薄弱，尤其现代社会的人们受利益驱动因素很多，古代传统诚信观遭受巨大冲击，对现今科学领域的研究创作无法发挥其应有的约束作用。而重要的是科学工作者比其他

行业的参与者更应注重诚信文化的建设与加强，即使面对错综复杂的社会环境，科学工作者也要始终坚持诚信创作，将诚信教育作为从事科研活动中无形的规范。诚信文化是先进文化的宝藏，是世界文明积淀下来的宝贵财富，是优秀传统文化的重要组成部分。诚信文化对科学研究的影响具有举足轻重的作用，对科学真理的探索需要的是脚踏实地、求真务实，这便使诚信与科学研究有机地结合在一起。当今世界正处于经济发展和社会转型时期，全球经济进入了新的格局，国际间的政治、经济与文化交流日趋频繁，在这种大的社会环境下，全球科研实力也迅速地发展起来。大量的外来文化对传统文化价值观念影响较大，文化领域面临的危机与挑战日益严峻，在这一背景下，对诚信文化的建设显得极为重要。

人们的思想受到外界不良之风的严重影响，人们在学术创作的过程中可能偏离了学术诚信的轨道，产生了严重的学术不规范问题，这干扰了学术界正常发展的进程。究其原因是诚信文化建设没有跟上科研领域规范提升的步伐。所以，学术诚信的缺失已经成为最值得担忧的科研建设问题，它不但阻碍了国际科学领域原创性的发展进程，还损害了各个国家在国际学术界的声誉，同时也会削弱本国的科技影响力。

2. 伦理层面

学术不规范行为的发生从根本上说主要是自律与他律并没有很好地结合。自律在伦理层面，他律除社会规范之外，也有一部分进入法律层面。我们一直在提倡素质教育，但是很多时候却忽视了对科学工作者的学术诚信教育，这是当今学术不规范行为产生的另一方面原因。

学术伦理包含学术道德，伦理是道德形成的前提和依据，学术伦理也是科学工作者从事学术活动的基础，遵守学术伦理也是实现学术自由的前提和保障，学术伦理同时也规范着学术活动，但是它并不能对所有的学术活动都起到制约的作用，其制约的力量是有限的，所以学术不规范行为的治理不能仅仅依靠伦理的建设，还需要其他方法的综合治理。

3. 制度层面

从制度层面看，现有制度的约束力并不是很理想。究其原因主要有三个方面，首先是任何制度都有一定的滞后性，也就是说制度的更新速度并不能和学术不规范行为的表现相统一，很多时候发现了不端行为，但是现行的规章制度中并没有关于这方面相应的条款，多数情况是发现了制度的不足之后才对其进行修补。其次是现行的制度不够具体，只有抽象性，针对学术不规范行为的治理很多规章制度都做出了要求，但是其具体的要求不是很全面，缺乏实际可操作性。最后是部分规章制度趋于功利性，个别学术机构追求短期内科研水平快速发展，所以一些学者不得不在这种过度的压力下通过非正常手段或途径而完成学术任务。

4. 法律层面

学术不规范行为的产生不是文化、道德规范和制度所能完全制约的，有时候还需要法律强制性和权威性对其进行监管。目前我国没有专门的针对学术不规范问题的法律法规，而只是通过《著作权法》《专利法》《知识产权法》和其他民法个别条款提供参考，如侵犯并触犯法律的条件是侵权者从中盈利等，而学术界内的学术不规范行为大多是通过剽窃、抄袭等换取钱财和权力，行为不易被人察觉，就算被发现也因数目不够法律最低限制而无法定罪。虽然现在各个学术机构都有相应学术不规范行为惩治办法，但是由于这些办法都缺乏法律上的支持和制度上存在缺陷，所以很多情况下很难发挥其作用。学术机构采取消极的应对态度导致当前各种学术不规范行为猖獗，这样的惩治态度和措施很难让其他学者对此引以为戒。因为缺乏法律的保障，使学术不规范问题日益严重。所以，现阶段急迫需要一部具有法律效力的行为规范来监督和惩治学术不规范问题。法律的生命在于它的执行，只有法律而不能很好地执行，即使再健全的法律也形同虚设，对违法行为没有任何威慑力和强制性。同理，在事关国家发展进步的科学界，科技法规的高效率实施对科学活动的质量有着重要影响。当今世界学术不规范行为的大量出现与科技法规的执行力度有很大的关系。

第五章　学术不规范影响因素实证研究

诚信是道德品质的核心，诚信是法律的底线，诚信是市场经济的基础，诚信品质也是大学科研工作者开展学术研究必须具备的基本素质。为了加强大学的学术道德建设，教育部先后出台了若干政策和制度规范，力图构建大学学术道德建设的制度体系，2002 年 2 月，教育部最早提出了《关于加强学术道德建设的若干意见》，2004 年，教育部颁布了《高等学校哲学社会科学研究学术规范（试行）》，随后相继推出了《学术规范与学风建设实施细则》《关于惩处学术不端行为的若干意见》，2009 年教育部再次发出了《关于严肃处理高等学校学术不端行为的通知》，教育部出台的一系列规章都力图将学术诚实作为培养大学教师、研究生良好的学术品德行为习惯的任务之一。大学教师和研究生的学术诚信品质发展还与学校、社会、家庭存在密切的联系，因此加强大学学术道德建设，增强大学教师和研究生学术诚信，对于促进高等教育事业发展、促进科技进步和社会发展具有重要意义。

国外的经验表明，要有效治理学术研究中的腐败行为，一方面需要外界对学术不端行为建立严厉的惩罚性制度，通过惩罚减少学术不端行为发生的可能性；另一方面要建立良好的学术诚信品质。通过学校的教育，耻感文化的树立，使学术研究者从内心反感学术抄袭、剽窃等学术不端行为，自觉抵制因学术不规范而带来的利益诱惑，这对于处于学术研究中的大学学术研究者，包括研究生和大学教师尤为重要。

为了有效地开展大学学术诚信教育，促进大学师生学术诚信品质的发展，需要对大学师生学术不规范品质现状和影响因素进行调查研究。为了有效地指导对大学师生的学术诚信教育，我们不仅需要了解影响大学师生学术不规范品质的因素有哪些，还需要了解影响大学师生学术诚信品质的这些因素的影响大小的次序和影响力的大小，还需要了解这些影响因素的作用途径。

本实证研究的具体目标是：①通过现状调查研究了解大学科研工作者（主要指大学教师和研究生）学术不规范的现状；②通过分析了解影响学术诚信品质发展水平的因素，依据影响学术诚信品质因子的影响力大小，对这些影响因子开展次序排列，以及得出每个影响因子的影响权重；③对相关的统计数据进行信度和效度检验，并构造学术诚信品质的影响模型，以便指导大学开展学术诚信教育与学术诚信的治理。

第一节　研究对象与方法

一　研究对象

本实证研究的调研对象为某省四所教育部所属“985”“211”工程大学（某某大学、某某交通大学、某某科技大学、某某财经大学）的在校教师和研究生1000余人。

二　研究方法

本实证研究采用的分析方法主要有描述性统计、信度分析、效度分析等方法，上述分析方法的原理和作用介绍如下：

1. 描述性统计

描述性统计是进行数据统计和定量分析的基础，描述性统计一般是把被统计对象的总体特征通过频率、频次、最大值、最小值、平均值、方差、标准差等统计指标来进行总体展示。描述性统计可以为进一步进行深入的统计分析奠定基础，本实证研究利用SPSS－16.0软件的默认属性统计功能定向描述被调查者——大学科研工作者的总体统计分布。

2. 信度分析

信度一般是用来衡量调查问卷测量问题是否具有稳定、可靠、精确、一致性的品质，衡量信度的方法很多，主要有折半信度、Cronbach's α信度等。本实证研究根据需要，采用在社会调查与实践中应用程度较广泛的Cronbach's α一致性系数来检验本实证研究问卷的信度。一般来说，Cronbach's α大于0.7表示调查问卷具有可靠的信度。

3. 效度分析

效度就是指测量数据（资料）与结论的正确性程度，即测量工具能否测出其所要测量的变量特质的程度。即效度的作用是衡量工具是否能真正衡量到研究者想要衡量的问题。效度可分为内容效度、效标关联效度和构建效度三类，其中构建效度是最重要的效度指标。本实证研究根据需要选择构建效度为主效度分析。

第二节 大学科研工作者学术诚信调查

本实证研究依托某省教育厅2011年思想政治教育重点研究课题——“研究生学术诚信教育机制研究”的研究便利，采用问卷调查与随机访谈两种方式收集资料。通过座谈获得一手研究数据，了解大学教师和研究生对学术不规范的主观态度。通过问卷调查获得量化数据。分析发现，质性与量化研究数据呈高度相关，资料真实有效。本研究共随机访谈120人，发放调查问卷1200份，收回1100份，剔除无效问卷，有效问卷1000份。

一 学术诚信问卷调查对象描述性统计

针对被调查者特征所设计的题目有三个，包括被调查者的性别、学历、年龄，从整体上对被调查者进行描述。

表5-1　　被调查者性别状况

性别	人数	占比（%）
男	572	57.2
女	428	42.8

从表 5 – 1 可以看出，被调查者中男性比例占样本总体的 57.2%，被调查者中女性比例占样本总体的 42.8%，说明样本中男性与女性科研工作者的比例适当，可以排除由于性别差异给学术诚信的现状调查带来的影响。

表 5 – 2　　被调查者学历状况

学历	人数	占比（%）
硕士	625	62.5
博士	322	32.2
博士后	53	5.3

从表 5 – 2 可以看出，被调查者中硕士学历者最多，占样本总体的 62.5%，博士学历者次之，而博士后最少。说明样本中被调查者以硕士为主。

表 5 – 3　　被调查者年龄状况

年龄	人数	占比（%）
20—30 岁	703	70.3
30—40 岁	153	15.3
40—50 岁	125	12.5
50 岁以上	19	1.9

从表 5 – 3 可以看出，被调查者中 20—30 岁人数最多，占样本总体的 70.3%；30—40 岁次之，占样本总体的 15.3%；40—50 岁，占样本总体的 12.5%；50 岁以上的 19 人，占样本总体的 1.9%。说明样本中被调查者以中青年教师和研究生为主。

二　大学科研工作者对学术不规范现象的认知调查

1. 对学术不规范行为程度的估计

对学术不规范行为的程度估计从自己，对身边的同学、同事和导师，对学术界三个层面出发，让被调查者根据自身的认识进行估计与判断，问卷调查结果如下：

（1）在课程论文和研究论文中，你是否有过抄袭、篡改或者伪造数据等学术不端行为？

当被调查者被问及这一问题时，承认自己有过学术不端行为的比例仅仅为16%。

（2）身边的同学和导师是否有过抄袭？

在被问及“身边的同学和导师是否有过抄袭”时，高达73%的被调查者认为身边的同学和导师无学术不端行为，认为身边的同学和导师有学术不端行为的比例仅仅占被调查者的27%。

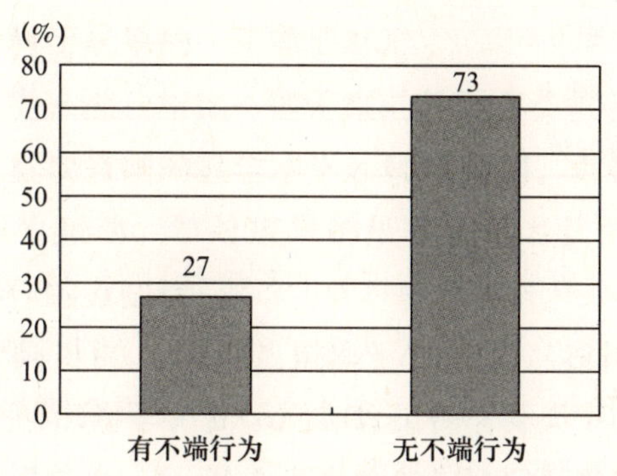

图5-1 对身边同学或者导师不端行为的认识

在针对大学科研工作者是否有抄袭剽窃、篡改或者伪造数据等学术不端行为的调查时，被调查的大学科研工作者承认有过学术不端行为的人占16%，如果说科研工作者的学术不规范行为不仅代表个人，更体现了学术不端的环境的话，那么通过对大学科研工作者所处的周围环境调查表明，所接受调查的科研工作者表示他们认为周围同学或导师存在学术不端行为的比例已经高达27%，这一数据说明学术不端已经形成对大学学术诚信的严重侵蚀。

尽管上述结果都是接受调查的学术研究者的个人主观判断，未必能够代表学术不端的真实状况，但是，我国学术界学术诚信的缺失绝非空穴来风，而是有诸多的案例为证。如最近几年影响较大的西安交通大学教授李连生学术造假案、西南交通大学副校长黄庆论文抄袭案、浙江大学博士后贺海波论文造假案等学术案件在中国都引起了巨大的反响。这些处于学术研究高端的人士本应该率先垂范，但结果是作奸犯科，表明在利益的驱使下学术不端行为对学术诚信产生了严重的侵蚀。

（3）对学术界学术不端行为程度的估计

表5-4　　　对科技学术界学术不端行为程度的估计

答项	比例（%）
很普遍	28
有，但不多	61
偶尔出现	10
不知道	1

在回答对学术界学术不端行为的程度估计时，高达61%的被调查者认为“有，但不多”，其次认为“很普遍”的比例为28%，选择“偶尔出现”的比例为10%，余下的1%被调查者则选择了“不知道”的选项。从被调查者选择的情形来看，被调查者认为学术不端行为有一定的普遍性，但是普遍性不强。

2. 对学术不端行为内涵的认知

调查问卷设计了两个题目来考察大学教师和研究生对学术诚信内涵的认识：

第一个题目是“你是否了解教育部、科技部及本大学对学术不规范的各项规定”。有37%的被调查者回答了解，高达63%的被调查者则回答不了解。这一回答结果说明针对学术不端的制度规定的宣传与讲解有待深入，有必要扩大相关规定宣传的受众面。

第二个题目是设计了十种与学术诚信相关的行为，请被调查者来判断是否属于学术不端行为，被调查者对本题目的回答结果如下：

表 5－5　　对十种行为是否属于学术不端行为的判别

答项	认为是不端行为(%)	认为不是不端行为(%)
为了使研究数据更“完美”，修改部分数据	97	3
引用自己已发表的论文不注明出处	48	52
引用他人的文字、数据和图表而不注明出处	96	4
未经他人同意，在将发表的论文中署他人的名字	91	9
不当使用科研经费	84	16
为了尽快开展一项学术研究，不告诉参与者该研究的完整信息	80	20
将未阅读的文章加入参考资料或者注释中	76	24
为了尽快发表，将论文同时寄给多个刊物	71	29
不完好地保存实证数据的原始记录	69	31
拒绝与课题组成员共享数据	56	44

从回答不难看出，修改数据，引用他人论文不注明，未经同意署名等行为分别被97%、96%和91%的被调查者认为是学术不端行为。而引用自己的论文不注明出处，拒绝与课题组成员共享数据分别被52%、44%的被调查者认为不属于学术不端行为。表明被调查者对于学术不端的概念的认识非常狭隘，还有待深化。

3. 学术诚信教育的来源与渠道

调查问卷本部分设计的目的是通过调查学术诚信教育来源的渠道，包括导师教育、学校宣传、媒体报道。调查结果如下：

（1）对“是否听过有关学术诚信的讲座或课程”的问题，60%的被调查者选择的是“没有听过相关的课程或讲座”，只有40%的被调查者听过相关讲座。

（2）对“导师是否与你谈到过学术诚信的有关内容”的问题，回答“谈到过”的占49%；“没有谈到过”的占51%。

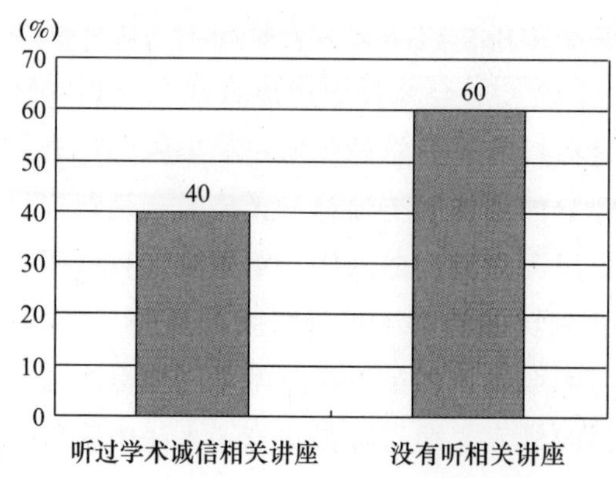

图5－2 是否听过学术诚信相关讲座

表5－6 导师是否与你谈到过学术诚信的有关内容

答项	比例（%）
谈到过	49
没有谈到过	51

（3）对“你是否留意过报纸、互联网等媒体有关学术诚信的报道”的问题，回答“留意过”的占89%；回答“没有留意过”的占11%。

表5－7 你是否留意过报纸、互联网等媒体有关学术诚信的报道

答项	比例（%）
留意过	89
没有留意过	11

三 大学科研工作者对学术不规范所持的态度调查

1. 对学术不端行为的基本态度。大学科研工作者对学术不端行为如何认识，对树立良好的学术诚信观具有重要意义。问卷调查结果显示，被调查的大学教师和研究生绝大多数对学术道德有正确的判断。他们认为，学术不端行为是不应该的，对这一行为的基本道德判断是否定的，并表示从自我做起，形成学术诚信的良好氛围。但也有少部分大学教师和研究生对学术不端行为表现出认可和宽容的态度，还有部分大学教师和研究生对他人的学术不道德的行为持“无所谓”的态度。部分调查问卷数据如表 5－8 所示。

表 5－8　　对学术不端行为的态度

学术不端行为	可以接受（％）	无所谓（％）	坚决反对（％）
侵占、抄袭、剽窃他人学术成果	2. 4	5. 3	92. 3
请他人代写文章	2	7	91
篡改伪造研究数据	3	5. 8	91. 2
在未参与工作的科研成果中署名	2	13	85
在考试中作弊	3. 5	10	86. 5

从以上数据可以看出，大学教师和研究生对学术道德的基本价值判断与对学术不端行为的认识呈现以下情况：一是大学教师和研究生能够做出正确的学术道德判断，且对学术不端行为坚决反对；二是大学教师和研究生有正确的学术道德判断，但对他人的学术不规范行为持无所谓的观望态度；三是大学教师和研究生有正确的学术道德判断，但能够接受一些学术不规范行为的存在。

第一种情况的大学教师和研究生有较好的学术道德观念和学术道德情感，自然而然地能促使他们在学术研究中做出正确的价值判断，尽量避免做出学术不端行为；第二种情况的大学教师和研究生是对学术不道德行为存在某种程度的默认，这种默认会形成心理暗示，使他们偶尔可能抱着投机心理和侥幸心理而做出学术不道德行为；第三种情况的大学教师和研究生在道德观念和道德情感上对学术不道德行为持认可、肯定的态度，这将可能导致他们故意地、有预谋地实施学术不道德行为。

2. 在针对具体的学术不端行为进行随机访谈调查中，我们发现，由于学术抄袭、剽窃、伪造等问题性质非常严重，受到处罚也相对严厉，因此，被访谈者认为此类问题为学术不端行为的比例高达 95%，而针对相对轻微的学术不端行为，被访谈者判断为学术不端的比例仅为55%—76%，如重复发表、未引用自己发表的论文、未正确用脚注标注等方式表明引用的文献等问题，被很大一部分被访谈者认为属于正常现象。由此可见，轻微的学术不端现象并没有在被访谈者头脑中形成，这也与我国大学等科研机构片面追求论文数量和成果的增长，而忽略最基本的学术诚信教育、宣传、培训有密切关系，以致上述轻微的学术不端现象没有被部分大学教师和研究生认为是最基本的学术诚信所反对，反而视为正常现象，这就是在学术不端现象上的双重标准：只反对严重的学术不端现象，而对轻微的学术不端现象则习以为常，这一问题的回答值得学术界反思。

3. 针对发表论文是否需要完全展示实验数据获得过程的随机访谈调查中，被访谈者中62%的人认为需要附加实验过程，以便于对论文中的实验数据进行追踪。从这一数据来看，显得偏低，从学术的严谨性来说，在论文中展现整个实验过程是必要的，否则就存在编造数据的嫌疑。当然，忽略实验过程也不完全是论文作者的过错，在调研访谈的过程中也了解到，由于学术期刊的规定，出于篇幅考虑省略了实验过程，那么学术期刊也应该对实验过程不全承担一定的学术诚信责任。

4. 针对一稿多投问题的随机访谈调查中，有30%的被访谈者表示赞同一稿多投。从理论上看，一稿多投的现象同样属于学术不端行为，一稿多投不仅违背了学术诚信，也增加了相应的学术期刊在人力、物力上的耗费，对学术资源也造成了相应的浪费。但一稿多投在中国有深刻的背景，针对一稿多投，不能简单地以学术谴责了事。一稿多投尽管违背了学术诚信原则，但是大学等科研机构针对论文发表的硬性规定与学术期刊学术资源有限、学术稿件审稿周期长也有密切的关系。一方面，我国大部分大学、科研院所针对硕博士生和大学教师均有论文发表的要求，并有定量规定，论文发表数量与毕业、职称晋升密切挂钩，而大学等这些规定实际上在很大程度上成为论文学术不端的重要原因，造成了论文发表的巨量需求。从论文发表的主渠道学术期刊的角度来看，大学经过多次扩招，无论教师还是硕博研究生数量都成倍增加，而相关的学术期刊并没有增加，“僧多粥少”的局面造成论文发表的供求关系失衡，作为需求方的大学硕博士和教师处于相对弱势地位，为达到大学要求，不得不采取一稿多投的方式缩短发表周期。因此，针对一稿多投现象，还需要从源头治理，改革现有的仅仅通过论文发表来评价学术水平的不合理机制。

5. 针对学术不端行为发生的原因的随机访谈调查中，有85%的访谈者认为学术不端是出于利益的驱使，但是也有72%的被访谈者认为学术不端是自身的防范措施不当。

从这一访谈调查结果可以看出来，利益驱使是很多人从事科研的目的，高达85%的调查结果表明，很多人都认为为了利益可以从事学术不端行为。诚然，因为学术不端可以获得的利益巨大，如获取博士学位，对大学教师可以评教授甚至博导，收入相应增加。官员获得博士学位，则可以获得职位的相应升迁。而类似于李连生等获得国际科技进步二等奖，则获得的利益更加巨大，这也是不少学术不端者前赴后继、铤而走险的根本原因。即使有种种防范措施，但在巨大的利益诱惑面前，都显得苍白无力。

那么，被调查者既然已经认识到利益驱使是促成学术不端的首要原因，他们对学术不端危害的认识如何？

在这一问题上，接受访谈调查的大学教师和研究生普遍认识到，学术研究本身是需要讲究高度诚信的事业，如果学术工作者在学术研究上有学术不端行为，将严重影响学术界的声誉与大学科研工作者的形象，导致社会对于学术研究的不信任。因此，在调查中有90%的被调查者认为学术不端行为严重影响学术研究形象。表明被调查者针对学术不端行为的危害，不乏正面的认识。

6. 针对自己和其他人出现学术不规范问题时态度的访谈调查显示，大学科研工作者对自己或他人出现学术不规范问题时的态度有两种不同的趋势。

针对这一问题的回答，是很矛盾的，主要表现在被调查者对与自己无关的学术不端行为，表示"要追究"的比例为87%，而一旦某种学术不端行为出现在自己身上时，则仅仅有7%的被调查者选择"要追究"。这表明大学科研工作者针对学术不端行为存在矛盾心理，一方面，憎恨他人的学术不端行为，另一方面，又对自身的学术不端行为持有侥幸态度。这种两面派式的态度是不利于树立良好的学术诚信观的。

7. 对是否会举报学术不端行为的态度的问卷调查。虽然被调查者认识到了学术不端行为的危害，也在调查中体现了一定程度的社会责任感，但当被调查者被问及“如果你的同学、同事、导师或者领导有不端行为，您是否会举报”，有高达85%的被调查者选择的是“不举报”选项。这也说明，尽管从教育部到各大学都针对学术不端行为出台了各种惩罚性的制度、规定，然而，从针对学术不端行为惩罚的执行情形来看，情况不容乐观，大多数以简单地开除了事，如西安交通大学教授李连生案、浙江大学博士后贺海波案仅仅开除了事，广州体育大学校长许永刚因博士论文大面积抄袭，甚至仅仅以异地任职处理了事。这样的惩罚结果，对当事人来说，所造成的影响和损失有限；相反，对学术造假和不端行为的激励，违法的成本如此之低，而获取的收益又巨大无比，在成本与收益比较，基本可忽略不计的情形下，针对学术不端的惩罚措施显得散乱，缺乏系统性，而大学等学术研究机构出于自身的声誉考虑，往往将学术不端行为责任人推脱了事。然而，学术不端行为人所属的大学同样也应该承担相应的责任，并受到一定的处罚，这样才能激励科研机构把学术诚信的治理落到实处。

上述调查表明，尽管被调查者对学术不端行为表示了一定的反感，但是由于学术不端行为与利益驱动密切相关，而被调查者对因学术不端行为带来的收益并没有表示出强烈的反感。尤其在学术不端行为涉及自身的利益时，仅仅只有少数人举报，而对他人的学术不端行为举报的概率则大为增加。这种典型的严于律人、宽以待己的态度对治理学术不端危害巨大。如被调查者被问及“不愿意举报学术不端行为的主要原因”时，有32%的被调查者认为“不干自己的利益无所谓”，有26%的被调查者选择“磨不开情面”，有38%的被调查者选择“来自导师或领导的压力”，仅有4%的被调查者选择“不知如何举报，不知道渠道”，由此可见，针对学术的不端行为，只要没有影响自己利益，被调查者采取了高高挂起的态度。从对学术不端行为的处罚上来看，由于缺乏规范化的调查、举证、听证、处分等系统性的措施，且法律针对学术不端的惩罚性条令也存在缺失，一旦出现学术不端事件，往往以学校低调处理告终，既缺乏像美国等西方国家处理学术不端行为的系统性，也缺乏对学术不端行为的严厉惩罚，使学术造假者无法在学术界立足。目前，我国科研机构对学术不端行为的处理，只具有个例的意义，不具有普适性，更不具有示范意义。

四　大学科研工作者对学术不规范影响因素的看法调查

通过随机访谈和调查问卷发现，大学教师和研究生对学术诚信缺失的原因回答如表 5 -9 所示。

表 5 -9　　学术诚信缺失原因

选项	占比（%）
社会风气影响	72.3
个人因素	68.2
学术评价标准	64.1
诚信教育	39.4
学术科研管理方式	44.1
学术评价方式	27.6

通过总结，可以将学术诚信缺失现象的原因归纳为以下几点：

1. 社会大环境的诱惑和影响

市场经济的发展，一方面极大地调动了人们的积极性和创造性，另一方面也诱发了人们的求利心理，社会上出现的腐败现象逐渐向学术界渗透，出现学术浮躁和学术不端现象，其中，72.3% 的被调查者认为社会风气对学术不规范影响大，当学术不端行为比诚信学术更有利于获得荣誉和利益时，部分大学教师便置良心和学术道德于不顾，不择手段地追求自身利益，导致学术诚信的缺失。大学科研工作者作为社会大环境下的一个群体，不可避免地会受到不良现象的影响，在多重压力下，导致少数研究生潜意识中寻找学术的捷径。

2. 缺乏健全的诚信学术监督机制

目前，我国社会的学术道德监督体系并不健全，学校的学术道德制度还不完善，缺乏对学术道德的个人评价机制和对学术不端行为的监督和制约机制，使学术不端行为付出成本过低，使极少数大学教师和研究生滋生“钻空子”的动机，为了获得荣誉、经济利益、学位、更大就业机会等而做出一些违反学术道德的事情。被调查者中39.4%和44.1%分别选择了“诚信教育不够”与“学术科研管理方式”为学术诚信缺失原因。可见，通过开展学术诚信教育，宣扬耻感文化，同时，改革不合理的“重量不重质”的学术考核方式至关重要。

3. 责任意识淡薄，缺乏自我约束能力

大多数大学科研工作者对抄袭论文、编造数据、考试作弊等不良现象持反对态度，但同时一些学术失信行为也发生在自己和周边同学或同事身上，这种言行不一的脱节现象正是一些大学科研工作者学术道德缺失的内因所在，即内部自我约束松弛和外部监控乏力，势必导致学术不端行为出现。被调查者中有68.2%选择了个人因素，由于大学科研工作者中的研究生涉世未深，反思辨析能力不足，常常把自己看到的不良现象当作本质，不能正确认识自身利益和学术道德的关系，目前利益和长远利益的关系，面对利益的诱惑做出违背学术道德的行为也就不足为怪了。

4. 学校对遵守学术道德的教育和引导不够

学校没有开设学术道德教育必修课程或选修课程，对学术道德是科学研究的基本伦理规范还认识得不十分清楚，因此还没有做到学术自律；另外，从评奖、推优等方面一般更注重论文数量和学习成绩，而对学术道德引导不够。被调查者选择“学术评价标准”为导致学术不规范的原因比例为64.1%。如何进一步推进学术诚信教育，同时针对不合理的学术评价标准进行必要的改革，从源头上降低导致学术不规范的定量考核标准，是目前亟须解决的问题。

五　大学科研工作者对学术诚信教育和治理的意见调查

根据随机访谈与问卷调查，受访者认为大学科研工作者的学术诚信治理可以采取开展诚信学术教育、制定相应规章制度等措施，调查结果如表5-10所示。

表 5-10　对提高诚信意识、遵守学术道德规范的有效方法

选项	占比（%）
开展诚信学术教育	61
制定相应规章制度	59.4
提高民族整体素质	54.1
建立个人诚信档案	51
依靠舆论监督	41

因此，在加强学术道德行为、创建健康的学术氛围上，应该从以下几方面努力：

1. 加强学术诚信的教育和引导

通过专家讲座、开展讨论、举办学术诚信活动等形式进行学术道德教育，形成良好的学术诚信氛围。通过教育、学习，让大学教师和研究生领略科学发展史学术大师的风范和取得卓越成就所必需的严谨治学、刻苦钻研精神。通过大师学术道德、人格品质的鼓舞和感染，引导大学教师和研究生树立坚定的科学研究信念，形成良好的学术道德情感和追求真理、捍卫学术道德的精神与品格。通过教育和引导，使大学教师和研究生认识到，科学需要完全的诚实，学术不道德行为不仅是个人意志、品质的问题，也不仅会影响自身发展，而且会对他人、对学术、对整个社会造成严重的不良影响。让大学教师和研究生充分意识到遵循学术道德的责任和义务，让他们深入理解学术道德的重要性和必要性，加强他们对学术道德的责任感。

2. 建立健全完善的学术道德约束机制

遵守学术道德仅仅依靠人的自觉性是远远不够的，学术道德需要他律，需要依法治学，需要发挥学术规范的基础作用。根据教育部颁布的《关于树立社会主义荣辱观，进一步加强学术道德建设的意见》《关于严肃处理高等学校学术不端行为的通知》和 2006 年 11 月科技部颁布的《国家科技计划实施中不端行为的处理办法》，制定适合各自学校实际的“学术道德规范”，使大学教师和研究生知道什么能做，什么不能做，什么是规范的学术研究，什么是学术不道德行

为。让大学教师和研究生了解不道德行为的危害和后果，使其对自身的道德行为有正确的判断和认知。同时在大学学术道德规范中建立对学术不端行为的惩戒制度，只有确立制度的威慑力量，才能预防大学教师和研究生在道德行为中误入歧途。通过增加道德成本，将不道德学术行为遏制于形成当中。在制定大学学术规范的同时，建立大学教师和研究生个人诚信档案和诚信评价机制，并与奖学金评定、评优、组织发展、毕业鉴定、推荐就业等环节进行联系，真正起到引导作用。

3. 发挥舆论引导与监督作用

利用校报、网站，宣传有益于社会、有益于学术发展的道德行为，弘扬严谨治学的良序学术风气，同时建立学术不端行为举报信箱，对发现核实的学术道德失范行为按照道德规范条例及时严肃处理，使学术不道德行为者望而生畏，从而营造一种良好的、严谨治学的氛围。

4. 对于研究生而言要发挥导师引导与把关作用

导师是培养研究生最直接、最主要的具体实施者，导师借助自身的科研能力和科研经验，往往最容易发现论文和实验数据是否真实，因此，导师应对研究生论文进行全程指导和监督，通过导师自身的示范作用，不但可以从行动上引导研究生自觉遵守学术规范和学术道德，而且可以有效避免研究生撰写论文中的不端与准不端行为。导师对研究生学术行为引导的实际效果，很大程度上依靠导师自身的职业道德和学术水平的高低，应在研究生导师遴选、准入标准上提出明确要求，并与导师的奖惩挂钩。

良好的学术道德环境的营造，需要社会和学校共同努力，大学教师和研究生作为学术氛围营造的重要群体，应使他们树立科学研究信念，增强学术道德责任感，在端正学术风气、弘扬学术正气、规范学术行为、创建和谐校园中做出应有贡献。

第三节 大学科研工作者对学术不规范所持态度调查的信度与效度检验

本研究对信度和效度的处理方法为，先采用主成分分析法对影响因素进行萃取，然后采用最优斜交系数提取因子个数。

信度（Reliability）即可靠性，它是指采用同样的方法对同一对象重复测量时所得结果的一致性程度。信度系数用于表示信度的大小，信度系数越大，表示测量的可信程度越大。究竟信度系数要多少才算有高的信度。DeVellis（1991）认为，0.60—0.65 为最好不要；0.65—0.70 为最小可接受值；0.70—0.80 为相当好；0.80—0.90 为非常好。

本研究采用 α 信度系数法，Cronbach' s α 信度系数是目前最常用的信度系数，其公式为 $\alpha = (n/n-1) \times [1-(\sum S_i^2)/S_T^2]$。

其中，n 为量表中题项的总数，S_i^2 为第 i 题得分的题内方差，S_T^2 为全部题项总得分的方差。从公式中可以看出，α 系数评价的是量表中各题项得分间的一致性，属于内在一致性系数。这种方法适用于态度、意见式问卷（量表）的信度分析。

根据调查情况，对调查的信度与调度进行了定量的数据处理，处理工具为 SPSS 软件，处理结果如下：

针对大学教师与研究生学术不规范的调研部分，经过因素萃取与最优斜交系数提取因子，提取出学术诚信认知等 2 个主要因子。发现表 5 - 11 中因素负荷量均超过 0.45，信度高达 0.751，提出的两个因子解释了 83.7% 的变异量，表明所设计的针对大学教师与研究生学术诚信品质构成的调查表格具有很强的稳定性与可靠性。

表 5－11　大学教师与研究生学术诚信构成效度

因素	题项	因素负荷量	特征值	解释变异量	累计解释变异量
对特殊情景下的学术不端行为态度	对把没有指导的导师列为作者的态度	0.736	5.723	0.623	0.623
	对引用成果而未注明的态度	0.825			
	对学术不端是否要举报的态度	0.879			
	不愿意举报学术不端行为的原因	0.894			
对一般情景下的学术不端行为态度	侵占、抄袭、剽窃他人学术成果	0.908	1.145	0.214	0.837
	请他人代写文章	0.762			
	篡改伪造研究数据	0.836			
	在未参与工作的科研成果中署名	0.717			
	在考试中作弊	0.835			

表 5－12　大学教师与研究生学术诚信构成信度

内容	因素负荷量	内容 α 系数	总体 α 系数
对一般情景下的学术不端行为态度	0.735	0.725	0.746
对特殊情景下的学术不端行为态度	0.766	0.763	

针对教师的调研部分，经过因素萃取与最优斜交系数提取因子，发现表 5－12 中因素负荷量均超过 0.45，信度高达 0.746，提出的三个因子解释 90.3% 的变异量，表明所设计的针对受访者的调查表格具有很强的稳定性与可靠性。

第四节　大学科研工作者对学术不规范影响因素的因子分析及信度与效度检验

根据调查情况，对调查的信度与调度进行了定量的数据处理，处理工具为 SPSS 软件，处理结果如下：

针对大学教师和研究生学术诚信品质影响因素的调研部分，经过因素萃取与最优斜交系数提取因子，提出学校教育因素等3个主要因子，表5－24中因素负荷量均超过0.45，信度高达0.759，表明所设计的针对教师的调查表格具有很强的稳定性与可靠性。

一　主成分分析法与因子分析法步骤

主成分分析法是通过线性变换，把原来具有相关性的p个数据通过线性组合，变成m个彼此之间缺乏关联性的线性组合的过程。

主成分分析模型如下：

$$\begin{cases} F_1 = a_{11}X_1 + a_{21}X_2 + \cdots a_{p1}X_p \\ F_2 = a_{12}X_1 + a_{22}X_2 + \cdots a_{p2}X_p \\ \cdots \\ F_p = a_{1p}X_1 + a_{2p}X_2 + \cdots a_{pp}X_p \end{cases}$$

满足以下条件：

每个主成分系数平方和为1，即 $a_{1i}^2 + a_{2i}^2 + \cdots a_{pi}^2 = 1$（$i = 1, 2, \cdots, m$）

主成分之前互不相关，即 $\mathrm{cov}(F_i, F_i) = 0$

主成分方差依次递减，即 $Var(F_1) \geqslant Var(F_2) \geqslant \cdots Var(F_p)$

主成分的获取可采用因子分析法。因子分析的主要步骤包括：首先对相关数据标准化，利用巴特莱特球度检验法等方法检验相关数据是否适合用于做因子分析。然后，构造因子分析矩阵，计算相关的最大特征值和贡献值。如果确定前N个因子的最大特征值均大于1，且累计贡献率大于80%，则可以采用前N个因素作为因子。如果前N个因子意义不显著，可以采用多次旋转的方式，直到获得意义明确的因子为止。通过旋转，同时得到因子得分系数矩阵，再结合各因素的得分系数与特征值建立综合的因子模型，为相关因素的影响程度排序。

二　学术不规范影响因素的因子分析

根据前文大学科研工作者对学术不规范影响因素看法的分析，结合在实际工作中的学术不规范行为所受到的影响因素，我们把影响学术不端行为的因素分为诚信教育因素（包括校内的学术诚信教育）、学术规范因素（学术科研管理因素）、学术评价方式因素、学术评价标准因素、社会影响因素（社会环境的影响）、个人自身因素（包括个人价值观与道德水准）六大因素。按照专家打分法获得调查数据，结合因子分析法，对学术诚信影响因素的因子分析如下：

表 5－13　　KMO 和 Bartlett 球度检验

取样足够度的 Kaiser—Meyer—Olkin 度量		0.843
Bartlett 球度检验	近似卡方	346.382
	df	32
	Sig.	0.000

在“KMO 和 Bartlett 球度检验”中可知，巴特莱特球度检验统计量的观测值为 346.382，相应的概率 P 值接近 0 小于显著性水平 0.05，故应拒绝原假设，认为相关系数矩阵与单位根有显著差异。模型的 KMO 值为 0.843，接近 1，根据 Kaiser 给出的 KMO 度量标准可知原有变量适合进行因子分析。

表 5－14 显示了所有变量共同度数据。第一列数据是因子分析初始解下的变量共同度，它表明，如果对原有 6 个变量采用主成分分析方法提取所有特征值（6 个），那么原有变量的所有方差都可以被解释，变量的共同度均为 1（原有变量标准化后的方差为 1）。事实上，因子个数小于原有变量的个数才是因子分析的目标，所以不可提取全部特征值。第二列的数据是在按指定提取条件（这里为特征值大于 1）提取特征值时的共同度。可以看到，成分 1 和成分 2 的绝大部分信息可被解析（大于 83%）。

表 5－14　　公因子方差

	初始	提取
Zscore：诚信教育因素	1.000	0.892
Zscore：学术评价标准因素	1.000	0.853
Zscore：学术评价方式因素	1.000	0.605
Zscore：学术科研管理因素	1.000	0.783
Zscore：社会影响因素	1.000	0.849
Zscore：个人自身因素	1.000	0.606

注：提取方法为主成分分析法。

在表5－15中，“合计，方差的%，累计%”，分别表示特征值、方差贡献率、累计方差贡献率。它们描述了因子分析初始解的情况。可以看到，第一个因子的特征值为4.715，解释原有6个变量总方差的78.594%（即4.715/6×100%），累计方差贡献率也为78.594%；第二个因子的特征值为0.475，解释原有6个变量总方差的7.923%（即0.475/6×100%），累计方差贡献率为86.517%［即（4.715+0.555）/6×100%］。其余数据含义类似。在初始解中由于提取了6个因子，因此原有变量的总方差均被解释，累积方差贡献率为100%。

表5－15　说明的总方差

成分	初始特征值		
	合计	方差的%	累计%
1	4.715	78.594	78.594
2	0.475	7.923	86.517
3	0.337	5.624	92.141
4	0.244	4.060	96.201
5	0.108	1.802	98.002
6	0.120	1.997	100.000

注：提取方法为主成分分析法。

表5－16　旋转成分矩阵（a）

	成分					
	1	2	3	4	5	6
Zscore：诚信教育因素	0.696	0.245	0.374	0.338	0.389	0.099
Zscore：学术评价标准因素	0.796	0.330	0.274	0.346	0.207	0.064
Zscore：学术评价方式因素	0.296	0.199	0.259	0.886	0.135	0.057
Zscore：学术科研管理因素	0.334	0.247	0.806	0.338	0.243	0.059
Zscore：社会影响因素	0.465	0.442	0.477	0.273	0.371	0.384
Zscore：个人自身因素	0.256	0.903	0.202	0.193	0.193	0.055

注：提取方法为主成分分析法。旋转法为具有Kaiser标准化的正交旋转法。

表 5－17　　说明的总方差

成分	初始特征值			旋转平方和载入		
	合计	方差的%	累积%	合计	方差的%	累积%
1	4.715	78.594	78.594	1.820	26.001	26.001
2	0.475	7.923	86.517	1.431	20.448	46.449
3	0.337	5.624	92.141	1.339	19.129	65.578
4	0.244	4.060	96.201	1.282	18.317	83.894
5	0.108	1.802	98.002	0.887	12.666	96.560
6	0.120	1.998	100.000			

注：提取方法为主成分分析法。

得到的相关矩阵、KMO 检验、公因子方差表和前面得到的结果是一致的，在这里不再加以说明。但从表 5－17 的结果可以看出，旋转平方和载入所占的累计方差的比例一直到第 4 个成分时达到 80% 以上，这说明旋转后的效果不如旋转前好，因此需要进一步改进。经过进一步改进，最终得到的矩阵如表 5－18 所示。

表 5－18　　成分矩阵（a）

成分		
	1	2
Zscore：诚信教育因素	0.944	0.083
Zscore：学术评价标准因素	0.923	0.063
Zscore：学术评价方式因素	0.778	0.497
Zscore：学术科研管理因素	0.885	0.144
Zscore：社会影响因素	0.922	－0.183
Zscore：个人自身因素	0.778	－0.479

注：提取方法为主成分分析法。a 已提取了 2 个成分。

表 5 - 19　　旋转成分矩阵（a）

	成分	
	1	2
Zscore：诚信教育因素	0.612	0.724
Zscore：学术评价标准因素	0.612	0.695
Zscore：学术评价方式因素	0.203	0.900
Zscore：学术科研管理因素	0.527	0.725
Zscore：社会影响因素	0.784	0.518
Zscore：个人自身因素	0.890	0.207

注：提取方法为主成分分析法。旋转法为具有 Kaiser 标准化的正交旋转法。a 为旋转在 3 次迭代后收敛。

表 5 - 20　　成分转换矩阵

成分	1	2
1	0.710	0.704
2	-0.704	0.710

注：提取方法为主成分分析法。旋转法为具有 Kaiser 标准化的正交旋转法。

表 5 - 21　　成分得分系数矩阵

成分		
	1	2
Zscore：诚信教育因素	0.016	0.227
Zscore：学术评价标准因素	0.039	0.199
Zscore：学术评价方式因素	-0.530	0.736
Zscore：学术科研管理因素	-0.069	0.298
Zscore：社会影响因素	0.352	-0.117
Zscore：个人自身因素	0.708	-0.514

注：提取方法为主成分分析法。旋转法为具有 Kaiser 标准化的正交旋转法。

表 5 - 22　　成分得分协方差矩阵

成分	1	2
1	1.000	0.000
2	0.000	1.000

注：提取方法为主成分分析法。旋转法为具有 Kaiser 标准化的正交旋转法。

该步的结果分析如下：

a. 由“成分矩阵”可知：主成分分析确实恰好提取了两个公共因子。这正好符合模型的要求。各个案例的因子分析模型如下：

学校教育因素 $=0.944f_1+0.083f_2$

学术评价因素 $=0.932f_1+0.063f_2$

其余类似。

b. 由旋转成分矩阵（a）可知，第一个因子主要解释了这几个变量，第二个因子主要解释了这几个变量。依次类推，6 个变量均可以分解成两个公共因子的线性组合加上一个特殊因子 ε 的形式。

c. 成分转换矩阵：成分转换矩阵即未旋转前的因子载荷阵与正交阵的乘积。可以看出，原变量经标准化后得到的 6 个变量之间的相关性很明显。这就说明因子分析会得到好的结果。

d. 成分得分系数矩阵：成分得分系数矩阵给出了各个变量与两个共同成分之间的得分系数情况。因子得分的均值为 0，标准差为 1，正值表示高于平均水平，负值表示低于平均水平。

三　学术不规范影响因素综合得分模型

因子得分函数如下：

F_1 = 0.016 诚信教育因素 + 0.039 学术科研管理因素 - 0.530 学术评价方式因素 - 0.069 学术评价标准因素 + 0.352 社会影响因素 + 0.708 个人自身因素

F_2 = 0.227 诚信教育因素 + 0.199 学术科研管理因素 + 0.736 学术评价方式因素 + 0.298 学术评价标准因素 - 0.117 社会影响因素 - 0.514 个人自身因素

用第一主成分 F_1 中每个指标所对应的系数乘上第一主成分 F_1 所对应的贡献率再除以所提取两个主成分的两个贡献率之和，然后加上第二

主成分 F_2 中每个指标所对应的系数乘上第二主成分 F_2 所对应的贡献率再除以所提取两个主成分的两个贡献率之和，即可得到综合得分模型如下：

Y = 0.0145 诚信教育因素 + 0.053 学术科研管理因素 + 0.549 学术评价方式因素 - 0.0352 学术评价标准因素 - 0.31 社会影响因素 + 0.596 个人自身因素

综合得分模型表明，个人价值观对学术不规范影响程度是最大的，系数为 0.596，其次为学术评价方式因素，表明诚信属于价值观，受到除个人自身因素外的文化伦理因素的影响系数为 0.549，最后是社会影响因素，系数为 0.31；其余因素的影响权重由大到小分别为诚信教育因素、学术科研管理因素、学术评价标准因素。

四　学术不规范影响因素信度与效度分析

针对大学教师与研究生学术不规范的调研部分，经过因素萃取与最优斜交系数提取因子，提取出学术诚信认知等 3 个主要因子。发现表 5 - 24 中因素负荷量均超过 0.45，信度高达 0.759，提出的两个因子解释了 86.517% 的变异量，表明所设计的针对大学教师与研究生学术诚信品质构成的调查表格具有很强的稳定性与可靠性。

表 5 - 23　　大学科研工作者对学术不规范影响因素效度

因素	题项	因素负荷量	特征值	解释变异量	累计解释变异量
诚信教育因素	你对大学的诚信教育总体评价是	0.831	4.715	78.594	78.594
	大学诚信教育对学术诚信的影响主要体现在	0.764			
	你认为如何促进大学诚信教育	0.895			
学术评价标准因素	你对现有学术考核标准的总体看法是	0.912	0.475	7.923	86.517
	你认为现有学术考核标准的弊端是	0.749			
	你认为学术考核标准如何确定更合理	0.821			

表 5 - 24　　大学科研工作者学术对学术不规范影响因素信度

内容	因素负荷量	单一内容 α 系数	总体 α 系数
诚信教育因素	0.745	0.832	0.759
学术评价标准因素	0.857	0.716	

第六章　学术内部诚信治理的对策

学术诚信既是学术问题又是纪律问题，要保持学术自治与司法介入的平衡。学术诚信在国家层面的立法为高校细化学术规范提供了依据。高校的自治权不断扩大，自治规章制度的完善使学术规范由诚信问题转化为一个纪律问题。高校管理者在行使纪律处分权处理学术诚信问题过程中，维护学生和教职员工的合法权益十分重要，需要法律的保护，同时要充分体现以人为本的治理理念。自治是高深学问最悠久的传统之一，不管是公立大学还是私立大学，学者行会都是自己管理自己的事情。学术自治原则是：学术诚信属于学术自治范畴，学术问题应由学者单独解决，而排除司法介入。然而，学术自治是有限度的。当学术不诚信超出了可控范围，司法就有必要介入了。如正是看到了学术自治的弊端，“因此在19世纪，英国和美国都不得不通过国家立法来打开自治的高等学府的铁门”，“就像战争意义太重大，不能完全交给将军们决定一样，高等教育也相当重要，不能完全留给教授们决定”。学术诚信是一个既涉及学术又涉及纪律，既包含主观判断又包含客观事实的复杂问题。如果它只涉及学术问题，那么学术自主权就足以成为高校处分决定的一句话，只要学校按照规定做出处分决定，法院就不应当干预。但是，学术不诚信不但是学术问题，也是纪律问题，高校的处分决定要兼顾学术自主权与纪律处罚。在美国，如果它只是学术问题，那么学术自主权就足以成为高校处分决定的合法依据，只要学校没有随意地、恶意地，不以事实、法律或正当理由为依据作出处分决定，法院就不应该进行干预。然而，学术不诚信不仅是学术问题，也是纪律问题。在美国，当法院处理诚信诉讼时，就将学术诚信问题作为纪律问题来处理。原因有二：第一，学术不诚信往往涉及事实问题，而妥善解决事实问题需要证据和完善的程序规定；第二，学术不诚信的指控对一个人的学术前途会产生重大的负面影响。因此，把学术诚信问题看作纪律问题可以使学生依法获得更多的程序保护，从而有效地保护学生的权益。基于学术诚信问题涉及学术和纪律两个方面，处理类似问题不仅需要尊重主观性的学术判断，还需要建立确凿的事实基础。遵照这一原则，在处理学术诚信问题的过程中，我们应当为受到指控的学生提供合法程序的保护。在审理与学术诚信问题有关的违约诉讼过程中，我们要特别注意以下两点：第一，学校是否按照自己校内政策为违纪学生提供了合法程序的保护；第二，学校的处分决定是否建立在事实的基础上。

与大学自治相似的是学术界的学术自治。为了培育学术诚信，形成健康的学风，促进学术研究的健康发展，学术共同体常常开展学术批评。作为学术界的一种自律机制，学术批评曾对建立正常的学术秩序发挥了重要作用。然而，学术批评与名誉权诉讼案的争议越来越多，由此带来同样的问题：司法介入与学术自治的关系问题。于全有在评价中国语言学界第一起大型诉讼案时，曾提出如下问题："学术界有没有对学术问题的是与非、真与伪发表自己见解的权利？学术批评中的是与非、对与错等到底是依靠什么来检验？倘若需要仲裁的话，又到底是依靠谁或什么来仲裁？法庭是学术上的是与非、真与伪论争中的适宜的仲裁者吗？它能否定学术批评者批评的权利、表达自我学术见解的权利吗？对伪科学及伪科学的炮制者如实批评触犯名誉权吗？"这就要求法院在介入学术自治领域时需要特别慎重。毕竟，学术有自己的规律与规则。正如布鲁贝克所言，法律机器可能永远也无法评判那些违反职业道德的事件。

第一节　以人为本

一　提倡中国学术要有自我主张

2016 年 5 月 17 日，在哲学社会科学工作座谈会上，习近平同志明确提出："要按照立足中国、借鉴国外，挖掘历史、把握当代，关怀人类、面向未来的思路，着力构建中国特色哲学社会科学，在指导思想、学科体系、学术体系、话语体系等方面充分体现中国特色、中国风格、中国气派。"这是一项艰巨的历史任务，也是当今时代赋予我国哲学社会科学工作者的光荣使命。为了完成这一任务和使命，我国哲学社会科学必须摆脱长期以来对于西方学术的学徒状态，形成自我主张。这一摆脱学徒状态、形成自我主张的过程，一方面意味着我国哲学社会科学要经历"文化结合"的锻炼，使自己成为能思的和批判的；另一方面意味着我国哲学社会科学必须深入中国的社会现实之中，努力总结中国经验、解答中国问题、发展中国道路。①

1. 长期保持学徒状态会消解中国学术的主体性

由于资本主义文明的强势地位，中国近代以后的学术总体上进入一种对西方学术的学徒状态中。中国学术进入这样一种学徒状态，当然有其积极的一面，它使中国学术能够较快汲取西方现代学术发展的有益成果。事实上，正是伴随这样的学徒状态，近代以来中国学术界展开了一个史无前例的对外学习过程，取得了丰硕成果。这不仅对中国现代学术发展具有重要意义，而且对中国现代化建设同样具有重要意义。

然而，任何一个国家的学术要走向成熟并产生伟大成果，都必须逐渐摆脱对外部学术的学徒状态，形成自我主张。我们要构建的中国特色哲学社会科学，无疑是成熟的、自立的学术，因而必须以摆脱学徒状态为前提；而且，只有具备这一前提，中国特色哲学社会科学才可能在指导思想、学科体系、学术体系、话语体系等方面形成自我主张，才可能充分体现中国特色、中国风格和中国气派。中国学术曾经历的学徒状态的价值和意义，也只有根据中国学术最终在多大程度上形成自我主张、体现主体性和原创性这一点，才能得到恰当的评估。加快构建中国特色哲学社会科学，要求我们通过努力使中国学术能够在特定的转折点上走向成熟，而这种成熟首先就是以摆脱学徒状态、

① 吴晓明：《中国学术要有自我主张》，《人民日报》2017年6月19日。

形成自我主张为基本标志的。

当我们强调今天中国学术的发展要以摆脱学徒状态、形成自我主张为基本取向时，是否意味着一种学术上的孤立主义或关门主义呢？抑或还意味着一种自夸自大呢？完全不是这样。事实上，它意味着中国学术的发展必须充分经历“文化结合”的锻炼，并且通过这种锻炼开始由单纯的学习者、模仿者成为能思的和批判的主体。黑格尔在讲到希腊文明的伟大成就时曾说：当时的希腊人既有自己的固有传统，又面临着来自东方的各种优势文化；正是经历了“文化结合”的艰苦锻炼，希腊人才获得了他们现实的和正当的活力，并开创出他们胜利和繁荣的时代。从文化史上我们不难发现：当时的希腊人正遭遇强大而优越的东方文化，希腊人一度似乎要被这些外来文化压垮了，他们的宗教几乎就是各种东方宗教的一场混战。但是，希腊文化最终并没有成为“机械混合的文化”或“装饰性的文化”，那是因为希腊人牢记着德尔斐神庙的箴言——“认识你自己”，他们开始弄清楚自己的真实需要，没有长久地做东方的追随者。

2. 中国具有善于进行“文化结合”的优良传统

从世界文化史、学术史可以清楚地看到，一种文化或学术要经历“文化结合”，总是要以逐渐摆脱学徒状态、形成自我主张为基本取向。如果没有这个取向，那就根本谈不上真正的“文化结合”，有的只是单纯依赖或一味模仿，即通常所谓的附庸状况。当我们说一个民族的文化或学术正在经历“文化结合”的锻炼时，总是同时意味着它能够在特定的转折点上使外来的东西被融合在自主的立场中，否则就只能意味着它自身的消逝瓦解，意味着它根本无力承受“文化结合”的艰苦锻炼。

中国学术的复兴有赖于它成功地经历“文化结合”的锻炼，而中华民族的历史表明我们有足够的能力经受这种锻炼的巨大考验。中国化的佛教就是这样一个辉煌的范例。在这个“文化结合”的范例中，一方面需要广泛地对外学习，即引进、翻译、传播和愈益深入的研究（以玄奘为代表）；另一方面则需要使之大规模地中国化，即根据自身的真实需要使之适应中华民族精神（以慧能为代表）。这一进程的成就是如此之高，正如梁启超所盛赞的那样，它在体现中华民族伟大学习能力的同时，体现出中华民族立足于自身之上的原创能力。作为我们所面临的艰巨任务，构建中国特色哲学社会科学不能不以经历“文化结合”的锻炼为基础。因此，这一构建任务一方面是容受性的，即广泛地对外学习；另一方面又必须及时地为自主的原创做准备，即逐渐摆脱学徒状态。其中的关键在于：要使学来的东西经过思考和批判成为自己的东西，就像外部的食物必须被消化和吸收后才能增益我们的肌体一样。就此而言，“学”和“思”是相当不同的，“学而不思则罔，思而不学则殆”。“学”就像接受外部的食物，而“思”则如同进行消化和吸收。如果说在过去的一百多年中我们在对外学习方面的成绩颇为可观，那么，构建中国特色哲学社会科学的任务就是在继续“学”的同时，突出地强调“思”的意义和重要性。真正的“思”是以批判性为主要特征的，而批判性又必然以自主意识为前提。只有当批判的思想在学术活动中普遍起作用时，中国学术才将表明自身不仅是“有学问的”，而且是“有头脑的”。进言之，只有当中国学术在其特定的转折点上成为能思的和批判的，它才会通过摆脱先前的学徒状态而赋予这一学徒状态以积极的意义，中国学术长期以来的学徒状态并不是无价值的，由此而收获的一切都将成为一种使自身壮大起来的酝酿和积累。

3. 形成自我主张必须深入中国社会现实中去

虽说中国学术的学徒状态在一定的历史阶段是有积极意义的，但它也意味着中国学术的不成熟。这种不成熟表现为学术上的外部依赖和单纯模仿，因而习惯于采取教条主义的思维方式——仅仅知道一般的抽象原则，并且总是把抽象原则强加到自己身上。举例来说，在中国革命时期，教条主义者把来自俄国的“中心城市武装起义”当作一般原则，然后又把这一原则强加给中国革命的实践，其结果只能是一次又一次的惨痛失败。在这里，是马克思主义的原理错了还是俄国的经验错了？都不是。错在一些人的教条主义。

当前，我国哲学社会科学发展也面临这样的问题：由于长期以来的学徒状态，由于在学徒状态中习惯于因循和依傍，当今中国的学术仍然在一定程度上存在教条主义的思维方式，这种教条主要来自西方学术。对于当今中国的哲学社会科学来说，要摆脱学徒状态、形成自我主张，必须从教条主义中解放出来，这就要求我国哲学社会科学必须深入中国社会现实中去，主导的思维方式应以揭示中国社会现实为基本取向。中国学术的自我主张可以有多重规定，但其中最为根本的规定必然是：深入中国社会现实中去，总结中国经验、解答中国问题、发展中国道路。构建中国特色哲学社会科学，不能仅仅从西方学术中拾取一些抽象的原则并以此来裁夺中国的问题、经验和道路。虽然局限于此的学术研究看似有很高深的原理和推论，但它却从未同中国特定的社会现实照过面，从未同中国社会现实的真正内容打过交道。

既然中国特色哲学社会科学以把握中国的社会现实为枢轴，那么，在其构建过程中必须注意以下几方面问题：第一，把握社会现实是一个极高的理论和学术要求，因为“现实”并不像“事实”那样仅仅是单纯的“实存”（即可以通过知觉直接给予我们的东西），把握社会现实意味着把握“实存”中的本质、把握一种必然性。第二，把握中国的社会现实必然包含把握当今中国与整个世界之间本质的、必然的联系，但把握这种建立在现实基础上的联系与抽象的“世界眼光”并不相同，抽象的“世界眼光”会抹杀特定的社会现实。第三，当社会现实成为学术的主题，当这样的主题成为构建中国特色哲学社会科学的拱心石时，马克思主义对学术研究的指导意义就会充分凸显出来。因为没有哪一种学说能像马克思主义那样以如此明确、彻底的方式，一方面将社会—历史的现实提升为理论的主旨，另一方面又通过其全部理论活动为把握社会现实的学术研究开辟道路、提供方法。

总而言之，构建中国特色哲学社会科学是一项艰巨的历史任务，这项任务意味着中国学术需要摆脱学徒状态并形成自我主张，而中国学术形成自我主张又是以经历“文化结合”的锻炼为阶梯、以把握中国的社会现实为依归的。这一学术上的重要转折正在我们眼前出现，正在中国学术的各个领域活跃地表现出来；这一意义深远的转折并不是人们可以主观期许的，而是由特定的时代状况所决定的，由中国自近代以来的历史实践所决定的。正是随着中国的不断发展，中国学术终于迎来这个决定性的转折。习近平同志指出："当代中国的伟大社会变革，不是简单延续我国历史文化的母版，不是简单套用马克思主义经典作家设想的模板，不是其他国家社会主义实践的再版，也不是国外现代化发展的翻版，不可能找到现成的教科书。"这决定了中国学术必须也必然要形成自我主张。当前，中华民族前无古人的伟大实践正在开辟出一个时代，"这是一个需要理论而且一定能够产生理论的时代，这是一个需要思想而且一定能够产生思想的时代"。也正是这个伟大时代把构建中国特色哲学社会科学的伟大使命赋予当代中国学术界。对于哲学社会科学工作者来说，完成这一使命既是任务也是考验。当我们能够真正承担起这项重大任务并经受这一艰巨考验时，中国学术才能扎根于中国大地，迎来它的枝叶欣荣和繁花盛开。

二　坚持人本理念，利用利益机制，激发人的潜能

利益冲突是人类社会一切冲突的最终根源，是所有冲突的实质所在，而利益协调是社会和谐发展的基础。能否合理有效地协调利益冲突，是我们解决问题的关键所在。利益冲突根源于人的利益需要与利益实现方式之间的矛盾，它是人的利益实现方式的不合理性所引起的不同的利益主体在自身利益的实现过程中彼此之间存在的利益矛盾激化的结果，是人的利益实现方式之本身的内在缺陷造成的。利益矛盾和冲突的空前激化，常常会导致特定利益分配机制或社会关系的消解。但是，利益矛盾和冲突也是社会发展过程中的一种建设性力量和内在动力。因为有了矛盾和冲突，就有了协调这种矛盾和冲突的客观需要，人们就会建立起新的利益分配机制。

1. 坚持"以人为本"的理念

以人为本有三层基本含义：其一，它是一种对人在社会历史发展中的主体作用与根本地位的肯定。其二，它是一种立足于解放人、开发人、实现人的价值取向。即在人和自然的关系上，以人为本就是提高人的生活质量；在人和社会的关系上，以人为本就是促进人的全面发展，关注人的生存发展的命运，尊重人性发展要求；在人和人的关系上，以人为本就是强调公正，关注弱势群体，尊重他人；在人与自

身的关系上，以人为本就是尊重人类的自身价值和社会价值，尊重人的合法权利，尊重人的能力差异，尊重人的独立人格，满足人的基本需求。其三，它是一种思维方式。就是把对人的主体地位和根本作用的肯定，把尊重人、依靠人和塑造人的价值取向落到实践中，在思考和解决问题时要确立起人性化的尺度，要关注人的生活世界，要对人的生存和发展的命运确立起终极关怀，实行人性化服务。人性化服务的理论基础是以人为本，实质是把人当作服务对象，是以符合服务对象的合理需要和要求的方式进行服务。尊重服务对象的合法权利，不断满足服务对象的基本需求，尊重服务对象的独立与平等人格，促进服务对象的全面发展，关注服务对象的生存与发展命运。

和谐大学建设的核心应是以人为本，即人的素质全面提升和各方面积极性的充分发挥。真正的教育是以人为本的教育，让人体验美好、体验崇高、体验成功，培养积极的人生态度、鲜明的价值判断、丰富的思想体系。关注人的自由、幸福、尊严，尊重人的个性、人格、权益，体现人文关怀和道德情感。

2. 遵循利益协调原则，建构和谐发展机制

（1）利益协调的原则。利益协调，主要就是指人们为了达到某种协调目标而对人们的利益观念、行为和相互关系进行的自觉的、有意识的调整过程。其基本原则，一是公正公平原则，二是效率原则。美国当代著名思想家约翰·罗尔斯在他的名著《正义论》一书中开门见山地指出："正义是社会制度的首要价值，正像真理是思想体系的首要价值一样。一种理论，无论它多么精致和简洁，只要它不真实，就必须加以拒绝或修正；同样，某些法律和制度，不管它们如何有效率和有条理，只要它们不正义，就必须加以改造或废除。"公正首先是同一定的社会制度相联系的，所谓公正，首先是指制度公正。

正义的主题，是社会合作产生的利益划分的方式问题。如何公正地进行利益分配，罗尔斯的两个基本原则：一是平等自由原则，即每个人对所有人都拥有的广泛平等的基本自由体系都有一种平等权利；二是包括补偿原则和机会的公正平等原则的差别原则，即不平等的利益分配必须有利于最少受惠者，在机会平等的条件下，职务和地位必

须向所有人开放。并且，提出两个优先原则：一是自由的优先性原则，二是正义对效率和福利的优先性原则。在这里，罗尔斯不仅强调利益分配和机会提供的平等，并且强调给予最少受惠者更多利益和机会较少者更多机会。另一位美国学者阿瑟·奥肯在《平等与效率——重大的权衡》一书中则认为，在生产领域应以效率优先，在有效率的经济中促进平等；而在非生产领域则需要更注重平等；同时认为在两者发生冲突时就需要寻求适当的调和，两害相比择其轻，两利相较择其重。这两种看法尽管在是公平第一还是效率优先的问题上有所差异，但是在保持适当的利益均衡上，却是有共通之处的。

（2）建构高校和谐发展机制。在社会主义市场经济条件下，利益上的差异和矛盾是不可避免的。从某种意义上说，市场本身就包含着利益差别，因为市场体制客观上为掌握各种资源的个人或群体提供了发挥自身优势的机会。高校所包含的人与人之间的利益关系，不在于人们之间有没有利益矛盾，而在于如何正确认识和解决这些矛盾，使利益关系处于动态的平衡中。

第一，利益均衡机制。目前我国高校出现的学术不规范现象大多与不同群体之间利益矛盾有关，且很多是由于没有协调好各阶层、各群体的利益所引起。而要使这种矛盾不导致社会冲突，就需要从利益机制上加以整合。构建利益均衡机制，是抑制当前我国高校利益差距扩大的重要手段。在政策制定上，要坚持以教师的根本利益为出发点，使广大师生能切实享受到大学改革发展的成果，引导师生以理性合法的形式表达利益需求。

第二，公平机制。和谐利益关系的基础便是公平。从这个意义上说，构建和谐的大学，也就是建设更为公平的大学。建立高校内部公平机制要考虑：一是权利公平，要求大学的制度安排和非制度安排给每个大学成员的生存、发展的机会是平等的；二是机会公平，要满足成员的不同层次需要和不同成员的不同层次需要；三是分配公平，是公平的根本内涵和最高层次，实现分配公平有赖于合理的分配机制的建立。

第三，动力机制。建构动力机制就是要通过深化高校改革，从制度上整合高校的发展活力。高校发展活力的构成包括个体活力和群体活力两个层面。个体活力指的是人的能动性、积极性和创造性的充分发挥；群体活力指的是全体成员的向心力、凝聚力和合作能力。构建高校内部的动力机制，必须遵循尊重科学、尊重人才、尊重创新的原则，激发广大师生的创造活力。

3. 高校利益协调的途径

高校的和谐应该是各群体之间和谐相处，他们能从高校的整体发展中普遍受益，利益差距控制在其成员可以接受的范围之内，并且在此基础上实现合作和利益共享。

（1）合理进行学术资源配置。正如资源不能过于集中于少数重点大学一样，高校内的资源分配也应该力求公平与效率的统一，保持适当的利益均衡。在资源配置上，一要强调其公正性：给每个科室、院系和教师以平等机会，避免课题申请、经费划拨和奖评政策等与行政权力和行政级别挂钩，规避“学术优先权”。二要强调效率，不能只考虑平衡，而丧失了对于研究课题本身的学术价值的关注。重视对于优势学科和特色学科的扶持和奖励，尤其对于在学术研究领域成绩突出者，应加大奖励力度。

（2）重视利益主体的多样性，对人才进行分类管理。由于高校不同的利益群体，在利益结构和分层中处于不同的位置，又有着各自特殊的具体利益要求，在调整利益关系时，要注意利益主体的多样性和利益结构的多层次性，兼顾不同群体的利益。在高校中，科研院所通常需要有思想、有创新精神和研究专长的人员，教师岗位则需要热爱教师工作、广闻博识、语言表达能力强的人员，而行政岗位和后勤服务岗位则更需要那些服务意识强和组织协调能力强的人员。因此，将人才进行分类管理，对不同类型的人才与工作岗位设计不同的工作任务目标，并按此工作目标设计并制定相应的考核、晋升与激励机制，不失为一种好的办法。

①科研型人才。所谓科研型人才，是指在大学中承担科研项目与科研课题的人员。在一般高校中，都设立了一些专职的科研院所和科研人员，从事有关科研工作。此外，高校教师大多是教学与科研并

重，有的偏重于科研，有的偏重于教学。目前大学普遍有一种重科研、轻教学的倾向，并纷纷加大对于科研成果的奖励力度。这对于提升大学的知名度和教师的科研水平是无可厚非的。但是，过于重视科研成果，甚至唯科研论，对于不同类型的教师则并不公平。大学的科研人才不在多，贵在高、尖。大学科研不适合搞群众运动，也不是所有在大学工作的人都以科研为重，可根据人的特长进行选择。

②教学型人才。教师要与学生打交道，要传道、授业、解惑，主要是要知识广博，语言表达能力强，对学生循循善诱，帮助学生成长和成才。大学是传授知识的场所，应该以传经授业为主，以教学为中心。对于大学教师来说，科研成果固然重要，它在某种程度上反映了科研水平，但科研水平与教学效果并不是一回事，陈景润就是一例。有些教师本是教学型人才，在教学方法与教学水平上很有自己的一套，但为了适应现行的职称评定制度，不得不迫使自己向研究型转化，花费大量的时间和精力来搞所谓的“科研成果”，而影响了教学。否则就得放弃对自身利益的追求，对这种人员，可让他们强化教学研究，把教学研究上升为理论研究，从而在学科教学上得到提升，这也是一条可行之路，而且不同类型学校亦有差异性，可区别对待。

③行政型人才。在大学中有一批教学管理和政工人员，比如院系各级领导、教学秘书等。他们的工作主要是维持正常的教学和科研工作秩序，做好领导、协调与服务工作。行政人员的工作主要是把握政治方向与日常事务管理。不应该把行政人员与教学科研人员混为一谈，避免行政人员科研化、专业人员行政化。这里需要强调的是，一个单位的分配机制、奖惩机制不仅是对员工工作绩效的评定与认可，同时也对员工个人职业生涯与事业追求有很大的导向性。因此，在人才分类管理中，分类设计奖惩激励机制非常重要。

（3）建立多重的评价制度。科研与教学同是高校的两大基本功能。一所运行良好的大学，应该两者兼顾同时又区分对待。对于从事教学、科研和行政的人员都应该有不同的评价标准，建立不同的评价制度。从而使每一种类型的人员都有相应的发展空间和轨迹——尊重人的差别，激发人的潜能。

从科研的角度来说，科研成果和学术论文应当重视其学术价值、社会效应与原创性三方面。对于科学研究的学术价值这里毋庸多说。评价学术成果的好恶，学者的学术水平的高低，一个最基本的标准就是原创性。原创性价值无论对于基础理论的进一步研究或累积，还是对于应用技术的开发与创新都至关重要，也都是一个国家科技发展的原动力和竞争力的核心部分。放眼国际，任何一个发达国家的经济飞跃都无不来自科技的进步。而他们对于世界科技的引领，来源于严谨的科学作风，更源于学者对于科学的热爱与原创精神的认同和坚持。同时，对于一国经济而言，学术研究的社会效应才是“检验真理的唯一标准”，研究成果能够转化为生产力才是硬道理。所以社会效益和价值同样是评价科研成果的一项重要标准。

从教学的角度来说，相比一些干瘪的并无多少真正学术价值的学术论文，更应该重视教师的教学水平、师风师德，重视在教学过程中的实践环节、师生互动、学习成果的展示。笔者认为在教学评价方面，现阶段可操作的方法有：

一是考核教师讲课（演讲或讲座）的能力。我国古代多少大家“述而不作”，凭游历讲学，其学问和思想仍享誉天下。西方也一直格外重视学者的演说能力。所谓“读万卷书不如行万里路，行万里路不如阅人无数”，读书写作固然重要，但教师的学术水平更应该体现于外在的表达，尤其对于从教人文社会科学的教师而言。因为教师直接面对的是学生，准确而清晰地表达是教学的关键。而且，无论是教学还是学术界本身，“交流”无疑都是提高学习兴趣，开阔研究视野，增进自身水平的关键。具体做法：可以采取阶段性听课的方式，即定期由校学术委员会成员或相关负责机构进行随机听课，并对该教师的讲课水平、责任态度等打分，将此作为日后考核评估的依据之一。

二是重视师生互动的实践环节，适时进行成果展示。目前，我国高校的教学模式中，实践环节明显薄弱，学生动手能力和参与意识差，进而导致独立思考的水平低，学习和研究的自主性不强。尤其对于应用性较强的科目，这种状态持续下去，令人担忧。因此，加强对实践环节的重视，定期对实践环节进行考核，并进行成果展示，非常有必要。

三是重视学生反馈。定期在学生中进行问卷调查，问卷中要涉及多种评价指标，让同学打分，并采取匿名方式，也作为教师考核评估的依据之一。目前，我国高校中某些方面也使用了这种评价方式，但在实际的操作中多少给人流于表面的味道。笔者认为，若将此办法切实纳入教师的“评价体系”中去，相信必有收获。

四是对高校的一些行政人员和工勤人员也要分类对待，他们承担着繁重的行政工作，但他们又不同于党政部门的公务人员，高校也像行政机关一样，也有职员制，但一些部门的处长、副处长等由于掌握有一定的资源，他们也利用资源拼命评上专业职称，但基层的一般人员却感觉在高校低人一等，所以也要像评职一样，让他们积极工作，感觉工作起来有干劲，这是今后高校对这方面工作的发展方向，也是值得研究的大课题。

三　完善构思贯穿大学科研工作者学术发展全过程的学术诚信教育体系

诚信道德教育的缺失是学术不规范行为产生的一个重要因素，诚信道德教育缺失加之某些科研机构管理体制上的不健全和个人利益的驱使，往往产生许多为了个人利益而损害科研诚信的事情发生。为了更好地实现科研诚信，必须从大学最基础层面上加强对学术诚信的教育和引导重视，从而做到加强教育、积极引导、不断规范。在加强教育引导和规范的具体操作上，我们可以借鉴西方各国的经验，将教育置于至关重要的地位。具体而言，我们可以将科学诚信道德教育课程列入研究生的必修课程之中，教育和引导学生培养良好的诚信道德精神与行为，同时引导学生形成良好的学术自律精神与科学精神，形成良好的科学研究方法与思维。与此同时，要加强科研人员科研诚信的职业道德培训与思想政治、法制教育和公民道德形成四位一体的新型培训模式，以楷模和道德模范为依托，打造科研实践与教育创新相结合的二维宣传模式，强化科研人员的诚信道德观念。

对于大学教师而言，需要进一步加强教师的学术诚信教育，提高教师的自律意识。首先，学校要定期或者不定期组织教师学习《公民道德建设实施纲要》，着重落实公民的基本道德规范，让教师在加强道德规范的学习中认识到学术诚信建设的必要性以及紧迫性。其次，学校要形成学术道德教育的环境氛围，形成并营造一种大学科研队伍严谨治学、务实创新、淡泊名利的学术风气。学术诚信教育的方法是多种多样的，可以定期或者不定期组织各种形式的学习交流会、座谈会以及报告会，在良好的学术诚信教育氛围中引导教师树立奉献精神和责任感，强化教师教书育人以及为人师表的学术风范。最后，学校要加强教师有关知识产权保护方面的知识学习，不剽窃他人成果，同时对自己的知识产权也加强自我保护。可以组织教师参加知识产权保护方面的法律法规考试并作为绩效考核的一个指标。

高水平的科研团队是推动科学发展的不竭动力，高水平的精神境界同样也是推动我国科学研究积极发展的重要因素。因此，大学应当把科学诚信道德置于重要的地位，严厉打击腐败不道德的学术行为，树立良好的知识产权意识，并积极贯彻科学诚信精神，坚持求真务实、踏实肯干、积极进取的态度，不断推进我国大学内部学术科研诚信道德的发展。同时，大学教师以及专职科研人员要加强学术自律，自身的教育、引导和规范也会发挥积极作用。诚信教育的缺失是学术不端行为产生的一个重要因素，诚信教育缺失加之某些科研机构管理体制上的不健全和个人利益的驱使，往往产生许多为了个人利益而损害科研诚信的事情发生。为了更好地实现科研诚信，大学内部必须从基础层面上加强对于教育和引导的重视，加强教育、积极引导、不断规范。

四　改革评价大学科研工作者学术成果和学术能力的学术奖励晋升体系

从一般意义上来说，大学科研工作者的公平感与学校的学术管理水平有很直接的关系，公平公正的学术管理可以在一定程度上激发科研人员的创作积极性和研究效率，而公正公平的大学学术管理主要表现在职称考评制度、薪酬激励制度、晋升制度建设等方面。一般情况下，大学科研工作者学术水平的高低与学术的投入是成正比的，同时也可以激励他们加大对科研的投入，端正其学术行为。尽管大学是不以营利为目的的学术组织，但是，大学也追求组织绩效。如果在组织内没有竞争机制的推动，那么组织成员就会缺乏向上的动力。目前，我国大学科研工作者都规定了一定的教学任务和科研任务，如果两项任务都达标才可以续聘。如果大学科研工作者在校任职期间没有犯错误，就可以一直平安过渡到退休，因此他们就成了很多人心中艳羡的对象，是“铁饭碗”。但是，大学科研工作者的奖励晋升也有一个论资排辈的过程，这也是他们学术动力不足的根本原因。如果在大学科研工作者的学术管理中引入了竞争机制，那么大学的科研工作者就会充满斗志，为了保持持续的竞争优势而不断进取，从而以不断提升自己的科研水平为目标。如果对他们实行“非升即走”的制度，那么大学的科研工作者就会以不断提升学术水平来保住自己的优势地位，就不会出现只要获得了足够的奖励晋升之后就在原有的学术水平上原地踏步的现象。

很多科研工作者选择大学工作的一个最大原因就是自由，而如今大学内自动续约的方式也就在很大程度上制约了他们选择大学的自由。大学这种管理方式抹杀了很多大学科研工作者的职业愿景，从而对学术追求丧失动力。如果大学和科研人员进行双向选择的话，大学就会吸引更适合的学术人才，激发其学术活力。对大学科研工作者的评价是认知其学术水平的一个重要依据。建立多元化的考核和评价制度，实现对科研人员学术水平的客观公正评价，而多元化的考评制度需要从考评的内容和方式着手。评价的内容既要包括大学科研工作者的学术水平和能力，还要包括他们的教学水平以及服务社会的行为。不同的大学可以因地制宜根据自身的办学性质，科学划分大学科研人员在这三方面的比例。对大学科研人员的评价主体不仅仅只包括学校，还包括学生乃至社会。用于大学科研人员的学术成果水平和能力评价的奖励晋升评价体系不仅仅需要同行专家的参与，更需要学生的介入，甚至还需要本校专家和外校专家的评定，可以鼓励各个大学采取交叉的方式对大学科研人员进行学术水平和能力的评价，以此作为其奖励晋升的依据。另外，对大学科研人员的学术水平和能力的评价，可以定期地也可以不定期地举行，评价人员可以是流动的加固定的相结合，这样就会有效避免在学术水平能力的考评中出现徇私舞弊的现象。完整而严谨的教师考核评价制度，对大学科研人员的考评制度要力争做到完善而严谨，客观准确反映每个人的信息，体现公正公平，这才是提升学校学术水平的有力举措。

五 以行政权力关系规范化推进大学治理

行政权力与学术权力虽各管一摊，彼此独立，但又统一于大学的治理权力体系之中。在一定程度上，两种权力都是为了保障学术自由而存在。在面对共同的第三方权力时，这种协同合作就会淋漓尽致地展现出来。大学当下真正的主要矛盾是高校与举办者的矛盾，大学的办学自主权得不到有效落实，高校行政权力受制于国家行政权力，学术权力所保障的学术自由得不到彰显。行政权力与学术权力应当协同起来，特别是针对阻碍办学自主权的第三方权力，避免两权相争，第三方得利。行政权力与学术权力的协同，一方面需要行政权力主动抵制来自外部权力的压力，自觉服务于学术权力；另一方面，学术权力应支持行政权力争取办学自主权的行为，以学术自由来抵消外部对高校的自治负担。以校长为代表的行政权力享有者，虽然其任命来自国家教育行政部门，然而一旦被任命，其就成为高校的法定代表人，对内对外代表高校。对于来自外部的权力干涉，行政权力自应冲锋在前，据理力争，对于涉及高校重大利益和学术利益的，应征求学术机构的意见，并以此来应对外部的不合理要求。对于行政机构的请求，学术机构应从高校整体的学术发展和学术自由保障考量，给出合理正当的意见。如此一来，行政权力和学术权力的关系将更加融洽，更有利于各自权力的运行。

行政权力和学术权力是大学治理体系中的两个重要方面，它们二者之间关系的正常化和规范化有助于实现大学良好治理。克拉克曾言："大学兴旺与否，取决于其内部由谁控制。"[①] 这种控制不是说行政权力或学术权力要在高校权力体系中居于最高地位，而是各司其

---

① ［美］伯顿·克拉克：《高等教育系统》，王承绪等译，杭州大学出版社 1994 年版，第 37 页。

职，二者在其各自管辖事务范围内都是最高的权力，都是最终的控制者。在大学办学自主权没有充分落实的情况下，行政权力应站在大学的角度思考问题，代表大学表达诉求，对抗来自内外部的不合理压力，支持和尊重学术权力的正常运行。同时，学术权力应积极行动起来，改变对行政权力的矛盾看法，转变行政化的思维逻辑，用学术权力切实保障大学的学术自由。当前，从国家法律法规到大学章程规程等，关系大学治理的规范体系已经相当丰富，行政权力和学术权力的组织和职权在其中均有体现。接下来就是如何落实规范，让规范化的权力关系得到实施和运行。在大学治理中，应遵循权力关系基本规范，使行政权力和学术权力各负其责、各司其职、协调配合，推动大学治理不断向好的方面发展。

第二节　完善内部规范，建立内部制约

一　完善和统一学术规范，建立科学的科研评价体系

主要包括论文著作写作规范、论文著作评审规范、课题立项规范、成果鉴定与评奖规范等。对论文著作引文标注、稿件评审和处理、课题立项的申报审查、成果鉴定的组织实施等方面做出具体规定。建立一套科学、合理的科研质量评价体系，改变单一评价标准。

国际学术界流行的科研计量评价法也可作为参考。依据这种评价方法，评价一篇学术论文、论著的质量可以依据两个核心指标：论文被引用次数、影响因子。在一定时期内，在同类成果中，某项成果被引用的频率的高低，在一定程度上反映了该学术成果的价值和影响大小。论著被引用次数越多，价值越高。影响因子是指“一定时期内论著被引用的次数与同期发表的论著总数的比值”，如某一期刊的影响因子是指“某刊物前两年发表的论文在第三年被引用的总次数，与该刊物前两年发表的可被引用的论文总数之比”。期刊的影响因子说明的是期刊水平的高低，文章发表的刊物水平越高，其质量也就越高。

二　建立专家遴选与考核制度，实行“双盲”评审

建立科学的专家遴选制度，一要有科学合理的专家遴选标准，二要规范专家的遴选程序，由有关部门建立专家数据库，通过数据库随机进行抽取，保证选取的专家符合同行评议的标准，避免遴选过程中出现舞弊行为。学术活动的专业性和高深性决定了评价主体一般不应是个人，而是由专家组成的评审委员会。评审委员会的组成必须满足以下条件：一是专家必须是同行，即“必须是该领域或接近该领域的专家”，这是由学术活动的专业性决定的。二是专家必须有较好的学识和研究能力。即同行评议的专家必须是一流的专家，只有一流专家才能对本学术领域的研究动态、学术前沿、课题的学术价值、创新程度等做出客观、准确的判断。三是评审专家要有较好的道德素养。评价活动的主观性比较强，即使是优秀专家也很难保证始终如一的客观公正，因此，专家必须有好的思想素质、德行操守，能严格自律。

根据论文著作评审、职称评审、课题立项评审、成果鉴定以及学位授予的不同要求，建立相应的专家库，并将每个专家的基本情况特别是廉政情况、履行职责情况登记在册。对评委的每一次评审结果计分，并把得分高低作为评判评委是否合格的重要指标。在评审过程中，可借鉴俄罗斯国家鉴定科研咨询中心“独立、秘密进行”鉴定工作的做法，评审工作组织者既不向评审对象透露评审专家的任何信息，也不向评审专家透露评审对象的任何信息，即“双盲”评审制度。每次参加评审的专家临时抽签决定，单独通知到本人，并且迅速集中，以减少泄密机会。“双盲”评审可以排除人情、关系、名人效应、名校效应等因素干扰，保证评审结果客观公正。

另外，对于成果评价问题，学界有这样一种设想，即成立中介机构。依法建立成果评价中介机构，中介机构为独立法人，具体负责学术成果的鉴定、评奖工作。政府主管部门只负责制定相关的管理法规和政策，对鉴定、评奖过程以及法规和政策执行情况进行监督，处理鉴定、评奖过程中的违规行为。这一方面可以使政府主管部门超脱于日常事务，提高工作效率，正确行使职权，减少“权力寻租”行为；另一方面也有利于成果鉴定、评奖工作接受有效的监督。政府主管部

门应尽快出台成果评价中介机构资格认定办法和管理规定，为成果评价中介机构脱颖而出提供政策依据。政府主管部门以及需要成果评价的单位和个人均可作为委托方，通过签订委托合同，由具备资格的社会中介机构来组织科技成果的评价、评奖。并建立对中介机构进行不定期限的检查和抽查制度，及时向社会公布检查情况。这种设想对于我国学术界的目前阶段也许尚不可能快速实现，但不失为一种好的想法。

三　完善确立大学内部院（系、学科）两级的学术诚信治理结构

院（系、学科）作为大学办学的两级主体，其直接面向的对象就是教师和学生，不管是在教学还是科研领域中，都处于大学工作的前沿和主要地位。在院（系、学科）两级管理体制下，如何构建高效运转、治理有效的学术诚信治理结构，直接关系到大学内部学术不端治理的效果。在此，我们从院系两级学术诚信治理理念出发，探讨建构院（系、学科）两级学术诚信治理结构。在这种治理结构模式下，其实质是学院在学术诚信治理活动中将治理“重心下移、权力下移”的过程，即把“重心和权力”由学院移交给系或者学科。在这种院系两级的学术诚信治理模式中，要逐步建立起“学术权力为主，行政权力为辅”的治理原则，学院要适当让渡权力空间给系或者学科部门并建立起互相理解的机制，实际上学院就是一个大实体，系或者学科就是不同的小实体，其本质就是一种纵向分权的学术诚信治理模式，改变过去那种行政权力泛化、学术权力式微的学术诚信治理模式，逐步建立完善学术权力主导的治理模式。

在院系两级的学术诚信治理结构中，首先，要解决的问题是寻找行政权力和学术权力之间的平衡。院长、系主任等一般都是由学术专家或者知名教授来担任，但是其往往履行的是行政权力的职能，甚至是行政权力压制着学术权力，由于行政权力一直处于强势地位，学术权力往往是行政权力的附属，这种学术诚信治理机制必然面临调整。其调整的核心要义就是在院系层面合理配置学术资源，既达到“重心下移”、提高效率的目的，又避免减少内耗和产生腐败。因此，构建权力分离的院系两级学术诚信治理模式，这是必然选择。大学院系两

级的学术诚信治理模式下，强调的是学术本位价值以及倡导学术自由，就内部的治理制度来说，就是要让在专业领域内的专家教授真正拥有学术权力，通过学术诚信的民主化治理，达到“专家治学”的目的。其次，改革学术诚信治理的内部治理结构，构建行政权力和学术权力适当分离、合理分治的“院—系（学科）组织”二元治理架构。从纵向上来说，要减少治理层级，将学术诚信治理的重心下移到系或者学科组织，将学术诚信治理的相关事务回归到系或者学科组织上，强化系（学科）组织的学术诚信管理（治理）职能。系（学科）组织在所归属的学院领导下履行各自的学术职能，是一个集开展教学、课程建设、科研和社会服务于一体的实体型学术组织。学院对系（学科）组织定期进行学术资源的协调以及学术评价，使系（学科）组织负责人既拥有一定学术资源，又能集中精力从事学术研究。再次，以学术民主自由为宗旨，完善学术、行政决策权力体系，实现教授治学。大学的各个学院可以在系（学科）组织内部成立学科专家组，在学院层面建立教授委员会，学科专家组和学院教授委员会成为基层的学术诚信治理组织。教授委员会委员在学科专家组成员中民主推荐、民主选举产生，院领导不参加教授学术委员会，学院的行政机关人员不以行政职务身份入选委员。学术委员会实行民主管理、民主决策，学术委员会不设主任和副主任，学院院长担任秘书长，负责召集并主持学术委员会会议，但不参加投票，以保障学术权力的独立以及学术诚信治理的正常实施。最后，改革院系（学科）内部的管理机制，包括学术资源配置机制、经费分配机制、学术评价机制等。学院调整对人财物等资源的配置，主要以学科组织承担的课题作为评价其在学术研究方面的贡献以及配置学术资源的依据。同时，建立学科组织科研绩效管理制度，可根据其上一年度的科研绩效确定当年建设投入科研经费；建立了重点学术工作量化办法，将标志性学术成果作为进岗考核内容，在学院内努力营造公平公正的学术竞争环境，实现学术资源的优化配置。

教师的科研能力是指教师具有较强的科研意识和科学素质，能够准确地选定课题和研究对象，熟练地运用合适的方法和手段，有效地探索教育教学规律，科学、规范地表达研究成果的能力，主要包括发现和提出问题的能力、实验研究能力以及成功表述研究成果的能力。高水平的青年教师队伍是高校未来可持续发展必须依赖的生力军，在教书育人的工作中承担着巨大的历史重任。对青年教师的科研能力进行合理的培养，是高校的一项长期且艰巨的任务，也是实现科技强国战略的重要保证。

针对当前青年教师科研的发展现状，应从内部因素和外部因素两个层面提高青年教师的科研能力：

（1）内部因素。第一，要有端正的科研态度。作为青年教师，首先要明确自己所从事的科研方向与学科专业建设之间的关系。要结合自己所学专业及现今岗位的科研特色确定自己的科研方向，使自己的科学研究方向与学科专业发展规划紧密联系起来。这样才会使科研与教学有机统一，相得益彰。其次要明确科研个体与科研团队之间的关系。明确自己的科研方向之后，应迅速融入适合自己的科研团队中。科研团队是指在高等学校中有着共同的愿望，技能互补，围绕共同的科研目标和任务并且拥有团队精神的相互协作的科研人员组成的从事科学研究的群体。经过多年的沉淀和积累，科研团队一般都有自己的科研特色和技术优势，具备很强的科研能力，拥有丰富的科研成果。青年教师融入团队后不但可以在团队中学习新的科研方法，提高自己的科研水平，而且可以利用科研团队的科研实力和条件实现自己的一些新想法、新思路，挖掘自身的潜力和价值。

第二，要把握好目前科学发展态势。随着社会经济的发展和人类的进步，科学发展的态势正在日益发生变化。青年教师只有把握好当今科学发展态势，才能将科研工作做好。当今科研的形态正在发生着深刻的变化，科研的复杂性使单独依靠个人的力量难以完成某项科研，一些重大项目需要科研团队集体来完成。当前科学研究具有如下特征：①科学研究具有综合性、交叉性、渗透性。一项科研课题往往需要多学科知识的积累，往往用一个学科的新理论、新技术、新方法解决另一学科的问题；一些重大科技攻关项目需要跨学科、跨行业、跨地域的协作研究等。②科学研究具有创新性。创新是科研的本质和灵魂，因此青年教师要具有强烈的创新意识、前沿意识和超前意识。科研创新意识是指在科研过程中，科研人员依据自身素质发现和认识有意义的新知识、新思想、新方法、新理论或原理等的高度完善的知觉和自觉的思维。青年教师要善于从别人不注意的地方敏锐地发现问题，及时提出解决问题的方案，这是创新意识的重要体现，也是做好科研工作的必要前提。

第三，要具有扎实的科研素质。科研成果是一个团队长期刻苦努力的结晶，需要长期的积累，才能有所收获。在漫长的探索过程中，科研工作可以说是枯燥和单调的，只有具备良好的科研工作素质，才能保持持续不断的旺盛精力，才能全身心地投入其中，将科研工作做好。青年教师从事科学研究工作必须要具备如下科研素质：要有强烈的问题意识和创新意识，要多思考，善于发现问题，敢于标新立异；具有实事求是、脚踏实地的工作作风和爱岗敬业的奉献精神；要具有勤奋、执着的科研精神，有“甘坐冷板凳”和“十年磨一剑”的韧性；树立继续教育、终身学习的观念，要相信“勤能补拙”和“天道酬勤”的道理。只有具备上述科研素质，工作才能取得成功。

第四，要处理好教学与科研之间的关系。青年教师要正确处理好教学与科研之间的关系，教学工作与科研工作应该是相互促进、相辅相成的关系。教学工作的积累，有助于科研项目的申报。科研工作的深入，有利于教学质量的提高。根据教学工作与科研工作的时间差，合理分配精力，避免造成教学事故。青年教师由于刚走上讲台，要花费大量的时间用于备课。在平时的备课中注意积累和掌握相关专业的知识和技能，一方面能丰富课堂教学，另一方面也为今后的科研工作打下坚实的基础。

（2）外部因素。以人为本是学习实践科学发展观的核心内容，也是高校从事各项科研管理活动的主导思想。高校科研管理部门要以人为本，积极创造适合青年教师发展的和谐的科研环境。第一，注重青年教师科研能力培养，强化服务理念。青年教师参与科学研究，既是教育发展的需要，也是培养人才的需要，更是青年教师自身发展的需要。科研管理部门要加大力度培养具有科研潜质的青年教师，对他们的科研工作和日常生活要给予足够的关怀。

第二，加强科研团队建设，健全激励机制。一所学校没有高质量的科研团队，就不可能建立起高水平的师资队伍。高校要发挥自己的优势，围绕国家特别是地方经济的需要，立足时代前沿，搭建学科梯队和科研团队，同时要积极鼓励青年教师加入团队。学校管理部门要建立健全合理的教师考核制度及科研奖励制度，让青年教师从被动搞科研转化到主动从事科学研究上来，调动他们的科研主动性。对于刚进校的有科研能力的青年教师要减少额定教学工作量，使他们有精力开展科研工作；对于承担省级以上科研项目的青年教师，如不满额定教学工作量，可以科研工作量适当减免部分教学工作量。

第三，加强科研管理部门服务职能，为青年教师解惑。科研管理部门要加强对青年教师的指导，特别是帮助他们了解宏观科技政策，沟通科技项目计划信息，通过聘请有丰富经验的老师举办申报科研项目讲座，向青年教师传授课题申报的经验与技巧等。各学院也要为青年教师配备有科研经验的骨干教师当导师，帮助他们尽早实现自我定位，确定自己的研究方向。

第四，加强青年教师业务培训，提高工程技术创新能力。由于用人机制所限，我国高校教师普遍缺乏工程经历和工程背景，对工程所涉及的知识往往了解不多。建立一支具有现代教育理念和创新精神、教学能力强、熟悉生产领域、具有较高科研能力水平的高素质师资队伍是培养创新人才的前提条件。学校要提倡让青年教师到企业和基层单位开展多种形式的挂职锻炼，进行包括业务知识、管理知识、工程知识、服务意识等多方面培训，使他们更加了解社会需求以及如何培养学生的实际操作能力，同时企业也会将他们培养成为熟悉工程技术特征及规律的“双师型”教师。学校要支持并鼓励中青年教师到高水平大学、研究机构进修、合作研究和攻读学位，在职称、职务晋升时优先考虑并免除其在外学习期间的教学工作量。这样可使他们既提高了学术水平，也加大了科技创新能力。

第五，拓宽科研申报渠道，加强科研平台建设。科研管理部门要加大对青年教师的支持力度，多渠道建立青年教师专项基金，如省市教委、科委青年基金，学校优秀青年基金等。重点实验室、重点学科及各工程研究中心也要针对青年教师划拨专门经费支持他们从事科学研究。在申报项目时，要创造条件鼓励有创新思想的青年教师大胆申报、勇于申报，对那些需要学校评审或推荐的科研计划要打破论资排辈的机制，打破职称等限制，不拘一格，重点向青年教师倾斜，这样才能形成一个良性循环，促进科研、教学双发展，才能使众多优秀的具有较高科研水平和能力的青年教师脱颖而出，实现自身的潜在价值。总之，青年教师要以科学发展观为指导，紧紧围绕学校办学思路和学科专业发展目标，把握当今科研的发展态势，具备正确的科研态度，运用科学的科研方法，加上和谐的外部科研环境，一定会取得更多的科研成果，为学科建设提供更加有力的支撑，在教书育人的岗位上也必将取得更加辉煌的成就。

四　建立大学内部学术不端行为的预防、监督和发现机制

提前预防并加强对大学内部科研人员的学术诚信教育监督无疑会减少学术不规范行为现象，并起到规范学术行为的作用。但是在目前这种学术环境体制下，教育的缺失、预防监督以及发现机制的不健全，都必然会使学术不规范行为始终有存在的可能。目前，我国大学内部并没有建立起一套规范学术不规范行为的预防监督机制，往往出现这样的现象，一个科研人员在本院系的项目中违规受罚却跑到另外一个部门项目中“另起炉灶”。在美国，科学界加强“学术法治”时，同时也加强了对严重腐败学术行为的法律制裁力度。我国大学就应当借鉴这种联防体系，但是现实的情况是，在处理学术不规范行为时，往往是院系部门各自为政，部门之间缺乏沟通合作。当学术界顶层在加强对学术不规范行为处理的协调合作时，也对基层研究机构起到了很好的示范带动作用。我国大学内部也应当加强对学术不规范行为的预防、监督，积极发现扼杀在萌芽状态，在对学术不规范行为进行道德谴责和处罚的同时，对那些情节严重的学术不规范行为也应当适当考虑进行法律制裁。

在大学内部，科研项目的规划、实施以及管理都有学术负责人或者学科带头人负责，并全程负责监督管理与课题有关的学术行为活

动，一旦发现有人违背这些学术规范就应当当机立断采取相应的整治措施。如果科研人员被证实有学术不规范行为时，大学有关管理部门就应当采取适当的行政处罚措施。目前，学术监督及惩戒机制受到越来越多人的关注和重视，越来越多的人开始呼吁建立合理高效的监督机制，监督的目的就是预防并提前发现。2002 年，教育部发布了《关于加强学术道德建设的若干意见》（以下简称《意见》），其中提出：建立学术惩戒处罚制度，对违反学术道德的行为，各级教育行政部门和相关机构一经查实要视具体情况给予相应的处理和处罚。这预示着国家非常重视学术监督和学术诚信，这一规定的出台，对于构建学术诚信防止学术不端行为具有积极的作用。但这一规定也具有一定的局限性，它只有比较宏观的规定，强调要加强学术道德建设，在具体层面的作用很难发挥。目前，我国已经出台了《著作权法》和《著作权法实施条例》等条例，一直致力于积极推进我国学术监督惩处机制的构建和完善，对于有效地防治学术失范现象起到了非常重要的作用。日前，教育部部长袁贵仁曾在“全国大学哲学社会科学学术规范与学风建设论坛”上提出我国应该尽快拿出《关于惩治学术不端行为的意见》，为各科研机构和大学制定自身的学术道德规范提供依据和支撑。推动大学学术规范建设，必须要让违反学术道德规范的人承担一定的法律责任。正如大家所知，一项科研学术成果的发布，往往需要经历层层的审批，这其中包括众多行政机构的审批和主管领导的审批，如何避免和减少在这一烦琐的过程中出现道德失范行为，就需要建立健全问责制。问责制的建立，一方面形成监督，另一方面对于腐败行为的惩戒也有了依据。其次是加强科研诚信规范建设。要加大建立健全科研诚信规范的力度，进一步细化科研诚信规范的基本原则和要求，合理区分学术不规范行为和学术诚信行为，科研人员也应当准确定位自身角色，明确自身责任，科研机构和大学也应当完善学术论文发表评价体系。此外，应当加大对于科研诚信规范的宣传力度，强化科研人员认知。最后是积极推动科研诚信立法。要不断完善我国科技法律体系，积极进行科研诚信立法，在充实现行法律条款的前提下，积极将科研诚信规范与相关法律条文进行整合，形成适应我国国情和科研情况的科研诚信法律体系，一个稳定的长期的法律条文与规范相结合的有效的体系，使各项活动的开展都有章可循，有法可依，对于学术不规范行为的投诉举报、监督调查、公示惩处等都有一定的依据。

学术诚信建设需要两个方面的共同配合才能够实现，这两个方面分别是教育和预防。但是，我国是最大的发展中国家，一切都处于转型和发展阶段，教育的发展也是渐进式地进步和变化，它并不能完全地发挥自身的作用。

五　统一规范大学内部学术不端行为的惩治方式和力度

随着论文抄袭、论文买卖之风乃至种种学术不端行为的屡禁不止，学术道德问题一直以来备受大众的关注。对于学术研究的重要基地大学来说，其学术不端行为猖獗的一个重要原因就是对学术不端行为的惩治力度不够。学术不端和贪污腐败一样，如果缺乏应有的惩治力度，就不会从根本上杜绝这类现象的发生，甚至还会愈演愈烈。大学内部的一些科研工作者在最初之所以抱着抄袭剽窃的侥幸心理，是认为自己可能不会被发现，即使发现了也不会受到很大的惩罚，退一步来说，即使惩罚，每所大学的惩罚方式和力度也是不一样的。北京师范大学的某位教授指出，学术道德教育缺失、监督惩罚不力是当前学术不端行为泛滥的重要诱导因素。因此，各所大学内部要从根本上治理学术不端行为，除了用道德约束之外，一定方式和力度的惩戒手段也是必不可少的。目前，大学内部对学术不规范行为缺乏统一的惩治方式和力度，学术不规范行为得不到应有的惩处才导致了学术不端行为的泛滥。鉴于大学很多科研人员会认为学术不规范而造成的后果（机会成本）小，很多人会抱着侥幸心理，是学术不规范行为发生的重要因素。所以，加强大学内部学术不规范行为的惩治方式和力度是很有必要的。各个大学可以采取以下三方面的措施：一是要将学术不规范行为的投诉和举报渠道拓宽，方便让科研工作人员互相监督、检举揭发，由于检举投诉渠道不畅通，即使有人发现了学术不端行为，也不知道向哪个部门反映，最后就不了了之；二是调查学术不规范行为的程序应当完善，以便有效发现学术不规范行为并进行科学认定，大学要制定一套学术不端行为的界定标准和认定程序，以便人人心里有杆秤，做到心中有数；三是要恰当地处理学术不规范行为，根据学术界的特殊实际情况，可以采用通报批评、公示、适当取消申报资格、降级降职等形式进行惩罚，情节严重的甚至还可以采取开除或者是永久性取消申报资格等方式，这样可以收到很好的警示效果。

第三节　健全法律法规，加强外部监管

高校学术道德的重建是一项系统工程，教育和学术相关领域的制度改革是关键。改革的过程就是一个利益再调整的过程。探索新的改革和发展机制的根本目的，就是打破原有的利益格局，形成新的利益格局，对整个学术界和高校运行状态进行调整，有效协调各种关系，促进各种力量良性互动。1997 年，两名德国医学家被揭发在论文中多处伪造数据。一时间，德国舆论哗然，媒体穷追不舍。德国研究学会为此专门成立了特别调查小组，公布了几十页的调查报告，伪造数据的情况彻底曝光。最终他们被送上了法庭，声名狼藉。在德国进行学术欺骗，相关司法条例不仅涉及民法，而且还要动用刑法。事实上，德国科研界在严格的法律约束下，普遍严格自律，作风严谨。科研自律意识已在德国科研人员脑海里深深扎根，这不仅与法律有关，还与各科研机构的相关严格要求有关。比如在全球都享有盛誉的马克斯·普朗克学会就特别规定，青年科研人员进入这里工作，首先要接受学术道德的特殊培训。研究人员要识别在科研中哪些是错误的行为，如何才能避免，如何确保自己始终坚持行为端正的科研活动。此外，研究人员还要在一些具有法律效应的文件上签字，承诺承担相应责任。

从德国一例，我们可以看到德国对于规范学术行为的一般做法和科研人员的普遍状态，其治理学术不规范过程中涉及了很多方面的因素——法律法规、学术规范、学者自律、科研机构、媒体介入、学界及社会对于学术价值的观念与取向等。

一 加快行政立法和刑事立法，加大惩处力度

尽快建立专门的惩治学术不规范的法律，或者尽快在《著作权法》《专利法》等相关法律中完善惩治学术不规范的内容，并增强其严密性和可操作性，确保有法可依。特别要对违反规范的行为和处罚方式等进行具体界定。

从现有的规定看，我国对学术不规范的处罚力度明显不够。由于《著作权法》的民事法律性质，其对抄袭、剽窃等学术违规行为规定的责任形式为“停止侵害、消除影响、赔礼道歉、赔偿损失等民事责任”。赔偿损失作为唯一的财产责任形式，在实际中由于很难判断受害者的损失额，即使采用了，处罚也很低。另外，《刑法》第217条规定的侵犯知识产权罪对抄袭、剽窃等行为基本上没有适用的余地。在这方面或许可以借鉴美国的做法，在美国，剽窃不仅是一种学术上的违规行为，而且也是违法行为。剽窃行为不仅受到民事法律的制裁，而且剽窃行为往往构成欺诈，“除了智力财产问题外，剽窃者也犯有欺诈罪”而构成犯罪则会受到刑事处罚。正是由于对剽窃行为采取了严厉的法律处罚，才大大减少了剽窃行为的发生率。

而且，对学术不规范行为不仅给予相应的民事、刑事处罚，而且也要加大行政和纪律处罚力度。有关学术机构应当收回给予学术违规者的各种荣誉，取消他们行骗所得的各种实惠，剥夺他们进行学术活动的权利。这样使那些搞学术不规范的投机者不仅无利可图，而且还得“亏老本”，最终在学术界无立足之地。

二 建立学术监督制度

（1）建立学术不规范的行政监督制度，成立专门机构，并赋予其受理申诉、调查核实、实施制裁等职能。1992年，美国国家卫生与公众服务部成立了研究诚实办公室，专门调查和处置那些由美国政府资助的研究项目中的不诚实行为。对揭露、调查等工作，研究诚实办公室主要委托由了解内情的科学界承担，研究诚实办公室则主要负责调查过程中可能出现的法律问题，包括如何获取物证、传唤人证等。并随时公布违规者的姓名、单位、违规情节和处置决定。比如，匹兹堡大学医学院的一名前博士后研究员被发现在一篇发表于《自然》的论

文和另一篇还未发表的论文中，捏造实验结果，把实验室其他人做的别的实验结果篡改后当作自己的实验结果。这名研究员同意与美国公共卫生服务部签署一项“自愿排除协议”，在3年内，不得参与任何由美国政府资助的研究项目，也不能在美国公共卫生服务部设立的任何委员会任职。

可见，成立专门的监督机构对于惩治学术不规范应是卓有成效的。但对于我国现阶段的国情来说，这样的一个监督机构如何独立于“体制”之外，仍是一个重要课题。

（2）建立公示制度。在职称评定、科研立项、成果鉴定与评奖、学位授予等学术评审中，采取多种形式和途径对申报材料、评审标准、评审过程和结果进行全方位、全过程公示，增加评审透明度。

（3）建立申诉和听证制度。改变现行学术评审工作中，申报者无法知晓评审的标准和过程，只能听命于评委的评审结果的局面。由评委接受申报者的质证，让落选者享有知情权；同时，也有利于评委评审的公正，减少学术评审中的腐败现象。

（4）加强学术活动的舆论监督。在有关报刊、电台、电视台、网站上定期公布高校学术领域违法违规行为。利用现代信息手段，广泛开展学术打假，消除学术不规范者的侥幸心理。

（5）建立举报奖励制，增大学术不规范查处概率。凡举报属实的，酌情给予奖励。

三　改革管理体制，确立学术自治

把这个问题放在这一部分的最后来谈，不是因为它不重要，而是恰恰因为它的基础性和重要性——因为在现阶段的我国，要想彻底改革高校内管理体制，割裂行政权力对学术的控制，完全实现学术组织自治，确实不切实际。但是应该说，高校内学术管理制度是其他学术制度的基础，我们必须对此问题加以重视。学术管理的行政化，既是权学交易、学术贿赂等学术不规范行为产生的原因，也是学术界缺乏学术自由，压制学术创新的制度根源，更是其他学术制度缺陷的原始肇因。

学术自治是学术自由的基础，是现代大学最悠久、最核心的学术价值观。学术自治是指学术组织（主要是大学）的自治，学术组织拥有管理内部事务（既包括行政事务，也包括学术事务）的所有权力。学术组织之所以必须拥有自治权，主要是基于学术活动的内在逻辑。“既然高深学问需要超出一般的、复杂的甚至是神秘的知识，那么自然只有学者能够深刻地理解它的复杂性。因而，在知识问题上，应该让专家单独解决这一领域的问题。他们应该是一个自治团体。”

学术自治的内涵要求割断行政主管部门和学术组织之间管理与被管理的关系。在我国现有的所有制体制下，即使不能达到学术组织的完全独立自治，也应该尽量减少行政主管部门对学术组织内部事务的干涉，赋予学术组织自治的权力。例如，科研基金的分配，学位的授予，教师的聘任和晋升，博导、硕导的遴选等，都应该由学术组织自主决定。

第四节　净化学术生态环境

一　净化学术环境，重构学术精神

20 世纪 40 年代，由清华、北大、南开组成的西南联合大学以及官方色彩重一些的中央大学等，都始终作为腐败社会中的一股强大的“清流”而存在，它们标志着一个民族的文明与良知的不可磨灭，标志着一个民族对真理、对正义的追求即使在十分艰难的时候也没有放弃。这种精神于今天的我们仍有重要意义。

1. 学术环境与学术自由

限制政治权力对学术制度的过分挤压，创造自由宽松的学术环境。学术制度相对独立性的合法性源于学术自由的合法性。“在文明的国家里，学术自由已经发展为一种受到特殊保护之思想自由的角落。它并不是学术界有些人士所宣称的个人特权。学术自由是一种工作条件。大学教师之所以享有学术自由乃基于一种信念，即这种自由是学者从事传授与探索他所见到的真理之工作所必需的；也因为学术自由的气氛是研究最有效的环境”。为此，应划清政治制度与学术制度各自的界限，明确各自的职责。学术和政治是各自独立自由的领域，各有各的使命，各有各的界限。划清学术和政治的界限是处理好二者关系的前提，一方面要大力弘扬“百花齐放、百家争鸣”的方针，另一方面，提倡开展平等的学术争论，给学术研究提供更多自由表达思想和意见的机会。

2. 学术自由与学术自律

学术不规范的道德根源在于学术道德约束力被严重削弱，而学术不规范又会导致道德约束力被进一步削弱，形成一种恶性循环。要打破这种循环，需要一种“学术自律”的力量，即要求学术工作者确立起遵循学术道德规范的自觉意识。自由是摆脱某种约束，自律却要接受某种约束。从表面来看，学术自律与学术自由似乎是有所冲突的。但应该注意的是，两者所涉的约束是不相同的，学术自由强调摆脱外在的约束，学术自律强调的则是内在的约束，因此，两者可以并行不悖。而在社会生活中，一定的内在约束正是自由不可或缺的条件，任何有序的社会活动都同时需要自由和约束这两种张力。美国学者 J. 范伯格在《自由、权利和社会正义》一书中曾经指出，“没有任何内在约束的自由所展示的，乃是一种没有交通警察或信号灯维持秩序的十字路口的情况，道路被车辆堵塞，各种愿望、冲动和目的在路上以各种速度向四面八方横冲直撞，但谁也移动不了”。这种“没有内在规则约束”的人，各种欲望相互约束、冲突和碰撞，却使他始终不自由。

再从学术自律的作用来看，学术自律也绝不是对学术自由的限制，而是对学术自由的保障。人们之所以需要学术自由，一方面是为了能使学术活动保持独创性的活力，从而更好地促进知识的发展；另一方面则是为了使学术活动保持对社会不良现象的批判性张力，从而更好地推动社会的进步。学术自律要求学者防范那些侵蚀学术独创力的病毒，防范那些可能导致学者与社会上的丑陋同流合污的诱惑，正是为了维系住学术活动的独创性活力和批判性张力，也正是对学术自由的有力保障。

3. 学风建设与学术道德教育

大学追求的目标是学术，学术需要积淀，学者需要执着。建设和谐学术环境是高校发展的需要。和谐学术环境包括宽容的学术环境、鼓励创新的政策环境、和谐共进的人际环境。建设和谐环境就是要培育一个民主自由、公平诚信、充满活力，学术主体与学术环境之间、学术主体之间和谐相处的系统。要淡泊名利，多思慎思，关注现实世界，注重学术积累；要维护学术尊严和学术自由，崇尚科学，追求卓越，力戒浮躁。尊重科学发展规律，鼓励学术创新，宽容失败，尤其强调为那些长期坐“冷板凳”，从事艰苦的学术积累，为攻克世界性难题而默默奉献毕生精力的教师创造激励环境，以多种形式展示和弘扬学术精神，努力实现学术自由与学术责任的和谐统一。

要加强学术道德教育。尊重学术规范、遵守学术道德，是现代学者的学术起点。高等学校特别是研究型大学是国家人才培养、知识传承、学术研究与文化创新体系的主要载体，加强学术规范和学术道德的教育显得尤为重要。当前，大学教育特别是研究生与学位教育应补上这一课，以培养其学术伦理、学术纪律和学术素养。

4. 学术宽容

学术研究是追寻意义世界的真善美，这种追求要取得成果，必须通过艰苦的探索与论证，同时要有学者的心灵自由与勇气。目前，我国大学学术研究的总体水平与学术成果的产出率较低，在国际各学科领域具有领先地位的学术成果明显偏少。导致这种学术创新能力落后的原因之一，是我国大学教师队伍普遍缺乏一种敢于从自我认知与思想意志来进行批判的精神气质。这种精神气质的缺乏，并不一定源于天生的自我不足，很可能受后天缺乏宽容的学术环境和社会环境的压制所致。这种环境束缚着研究者的思想，压抑着思想者的灵魂。要改变这种状况，就必须理性地认可学术宽容，建设真正宽容的学术研究环境。在宽容的环境中，人们得到充分的信任与尊重，容易唤醒具有独立思想、独立意志、独立批判精神的自我，这样才能真正地摆脱非我力量的压抑而自然释放自我潜能。

大学要培育高级人才就要多方位涵养人的品格、知识和能力。就大学的活动主体来说，教师大多是各有所长、价值观和生活情趣不尽相同的专家学者，学生多是已有相当文化基础的知识青年，他们要求学校能拥有不苟世俗的宽容相待精神，充分尊重师生的人格尊严。因此，大学规章制度和行政管理在理性约束师生的同时，务必体现一定的宽容性，赋予各种人才充分展示个性自由的权利和空间，让宽容和信任重新唤起大学师生对于真理与价值、理想与梦想、服务社会与关注他人的追求和坚守。

二　营造注重学术过程的学术自由与自治的学术生态环境

当代科学发展呈现出一个相当明显的趋势，那就是各学科间的相互交叉融合和相互渗透的趋势。特别是一些新兴的学科和新兴的研究领域，它们带动和引领着科学技术不断走向创新，不断挖掘经济社会发展的巨大潜力，在激励的竞争中寻求更大的进步。但是，在科学技术快速发展的过程中，仍然存在一些与科学精神格格不入的现象，诸如某些科研机构院所之间缺少沟通交流，相对分散，这些都不利于良好学术环境的构建。那么如何改变这种现状，推动学术良好学术环境的快速构建呢？大学和研究机构应当用开放的视野吸引全国乃至全世界的人才，培育公平透明的学术研究氛围。在政策制定方面，应当建立起一个共享的政策平台，实现行业区域之间的共享，专业领域、研究机构与研究人员之间的共享，最终不断促进科技系统的内部开放。总之，就是应当不断推进开放互动科技格局的构建，营造诚信和谐学术生态环境。只有在这样的环境氛围中，科研人员的生机活力才会迸发出火花，学术不端行为滋生的土壤才会被消灭。

目前，国际社会尤其注重引入先进理念，倡导学术的自由与自治，积极对科学道德进行内化引导。在实现学术诚信内化的过程中，需要不断去学习和内化先进的科学国际理念，在加强国际交流的过程中实现其本土化的过程。西方国家诸如欧洲一些国家和美国，他们在多年的实践过程中，积累了许多先进的科学管理理念和有效方法，这些方法和理论我们应当有效借鉴，用于推动学术诚信的内化引导。例如，美国在诸如法治意识、科学诚信等方面具有非常先进的理念，这些理念融合了传统科学文化常识和当代科学精神，如果将这些理念引入中国科学研究之中，对于推进和加强中国科学研究诚信化无疑具有非常重要的促进作用。创新，作为推进科学文化文明发展的重要支撑，旨在培育优良学风，其根本和重要创新点应当是科研人员的素质，特别是他们的科研诚信的文化素质。规则是固有的，所以应当加强文化熏陶，积极营造学术界良好的学术生态环境氛围，引导开展科研诚信的讨论与自省，使创新与诚信之风常规化、深入化，去除浮躁的功利心态。

在社会主义市场经济条件下营造学术的生态环境，最关键的一点就是要建立起公众对学术界的信任，只有实现了“可信任性”的构建，才能实现公众、学界和科研工作者本位一体的信任体系，形成良好的社会学术生态氛围，学术诚信的建设是一项长期而持久的基础建设。我们发现，要加强和推进我国学术自由与自治，一方面要继承我国传统文化的重要内涵，吸引传统文化中有益部分；另一方面，需要充分吸收西方的科学精神，实现二者的融合，形成我国特有的学术诚信自治体系。不得不提出的是，部分科学工作者对于我国的传统诚信文化中的诚信部分了解得不多，认识也比较片面。例如，有的科学工作者认为浮躁学风的存在具有一定的必然性，有的科学工作者甚至认为那些违背诚信者也是无可奈何，应当予以理解。但是，纵观历史长河，我国古代主流文化圈一直十分重视诚信自由自治的生态环境建设，也非常重视诚信道德的内化与自律。如“知之为知之，不知为不知，是知也”的理念就充分展现出古人对于诚信道德建设方面的重视。加强诚信道德的建设与推广，我们还应当充分利用大众传播媒介的力量，加大宣传，实现诚信道德信息网络化覆盖化。要充分利用报纸、电视和网络等媒体平台，积极开设专栏，开展多种形式的宣传教育和报道工作，普及学术道德知识，引导积极的社会风气构建，营造良好的社会氛围，同时打击腐败的行为，不断推进学术良好氛围的构建。

科学研究的良性发展需要平等和谐的科研生态环境，这样的环境应当是人人平等的，每个人都能感受到自己的价值。目前，一些科研机构和院所平等的学术研究气息并不浓厚，这阻碍了科技工作者创新活力的迸发，也滋生了一些浮躁之风和学术不端行为。要改善这种情况，应当积极配备和完善合理的学术管理机制、人才选拔方式和资源配置形式，形成平等的制度氛围，创造百家争鸣的科学研究新主张。同时，老一辈的学者应当以更加宽阔的胸怀去接纳和培育青年学者，不要害怕被超越，鼓励青年一代积极探索，不断创新，勇于攀登科学高峰。

大学作为一种处于基层的学术组织，建立的目标就是传播知识以及进行知识的创新发展并进行科学合理的知识管理与协调。学术组织对于学术的健康发展繁荣有着至关重要的作用，而且也是学术管理的基本单位。在当今高等教育产业化以及大众化的今天，大学这一组织的学术研究已经背离了其初衷，学术研究也逐渐变味，变得更加功利化、腐败化以及泡沫化。如果这种状况长期持续的话，学术研究很难有新的成果，更别谈创新或者科技创新成果的出现了。因此，要保证大学学术组织搞学术研究非功利性，治理学术泡沫和学术不规范，实现学术研究的非功利化是非常重要的一大举措。要实现这一目标，就必须对大学的学术环境进行科学合理的规制，营造宽松的学术环境，不要让学者们背上沉重的思想包袱以及考核压力，给他们营造良好的学术环境，使之潜心科研和学术。同时要对学者们的劳动成果充分尊重和肯定，特别是要对其创新性的学术失败给予宽容的态度。只有在失败中找到经验教训才能攀升科学的真谛高峰。大学应当给科研人员提供这样的一种环境，就是大学的科研人员不再为评职称而疲于奔命，不再为量化考核指标而疲于奔命，不再为各种奖学金而疲于奔命，就是要让他们能够潜心学术，潜心科研。[①] 在大学这样的一个承担国家科研的重要基地，学术生态环境的建设对社会的整个科研事业的推动有不可估量的重要作用。只有建立了良好的学术生态环境，才能为高质量的学术成果以及高效率的学术研究提供坚实的基础保障。良好的学术生态环境的培育有利于更多创新性科研成果的面世，也有利于构建和谐的科学共同体，从而实现科学研究事业的繁荣发展，更是建设一所好大学的必然趋势。

---

① 张启强：《学术生态与学术可持续发展》，《科技管理研究》2007 年第 4 期。

第七章　大学外部学术诚信治理的对策

中国高等教育要实现持续健康发展，必须营造风清气正的育人环境和求实崇真的学术氛围。[①] ①学术诚信建设是学风建设的关键。近年来国内外发生的学术不端事件，表明学术诚信问题主要根源于四个方面：一是学术研究成为一种潜藏名利诱惑的职业；二是社会给予研究人员的期望和压力过高，同时伴随着不正当竞争、同行压力、扭曲的评估系统等现象；三是缺乏职业道德和学术诚信教育；四是对不正当行为的查证和制裁力度不够。我国目前存在的学术诚信问题，不仅反映了学术界诚信意识和诚信机制的薄弱，而且折射出其背后的社会环境和浮夸文化土壤。教育部的意见把握住了这些核心问题，做出了针对性的部署。②重视学术规范教育。教育是加强学风和学术道德建设的基础。对学术规范的无知和意识薄弱是导致学术失范的重要原因。强化诚信是为人之道、学术之本，科学道德和学术规范教育已经成为教师岗前培训和学生学业教育的必备一课。此外，在帮助师生掌握学术规范知识、树立科研诚信意识的同时，我们要着眼构建良好的学术文化，教育引导师生克服投机取巧、心浮气躁、急功近利等不良倾向，树立崇高的学术理想和社会责任意识，尤其要发挥教师对学生言传身教、感染教化的作用。③完善学术评价机制。学术不端行为与扭曲的学术评价机制密切相关。当前中国高校普遍存在的过度量化的考核评价机制，容易促使教师和科研人员追求短、平、快的研究成果，甚至铤而走险从事学术不端行为。所以要充分尊重人才成长和学术发展规律，尤其是在考核评估中避免“一刀切”，建立“和而不

① 杨卫：《学术诚信是大学精神的根本》，《光明日报》2012 年 4 月 23 日。

同”的分类评价和质量导向的考核机制，形成“宏观压力大，微观空间足，学术规范强，评估体系巧”的政策环境，抑制学术浮躁和学术不端行为，激励师生通过扎实的研究工作获取高质量的原创性学术成果。以“代表作”为主体内容的评价体系，可能是走向以贡献为度量的学术评价体系的一个探索方向。④加强科研项目管理。学术不端现象往往暴露的是学校管理制度的疏忽。防范学术不端行为，关键在于采取科学的科研项目管理措施。目前，中国高校在调查处理学术不端行为方面注意学习国外一流大学的经验做法，但往往容易忽略它们在科研项目管理过程中避免学术失范的有效举措。我们有必要进一步加强科研项目管理，学习借鉴世界先进的管理理念和方法，完善科学严谨的管理制度，加强科研项目审计和同行监督，确保师生在研究过程包括论文发表环节中恪守学术道德和学术规范。⑤整肃学术不端行为。抵制学术腐败现象，严惩学术不端行为，维护科学道德和学术规范，是中国高校应尽的义务和责任。我们要旗帜鲜明地对学术不端行为保持“零容忍”，一经查实、绝不姑息。要规范学术不端行为调查和处理程序，建立和支持独立工作机构调查取证，既要做到快速严肃处理，又要坚持公开公正透明，从而建立完善的学术不端行为预防和纠错教育机制。同时，我们也要维护科技工作者的基本权益，制止不负责任的“诬告”和“恶搞”。近年来，学术诚信问题日益成为国际学术界关注的热点。国际学术界对中国近年来在学术诚信建设中的努力给予了充分肯定，同时也指出进一步思考和努力的方向。在全球化的背景下，我们应该不断加强与国际同行的交流合作，自觉融入维护学术诚信和行为规范的世界学术共同体。

第一节　科研资质机构的治理对策

一　纵向科研资助机构的治理对策

（一）全方位改善学术课题和项目申报的评审机制

如果科研资助机构在科研项目的申报评审的每个环节都能做到公

开透明（涉密研究除外），那么就能更好地发挥公众的监督作用，公众就会了解更多的情况。反之，如果对科研活动中的很多环节都进行“保密操作”的话，避开了公众的预防监督，在公众不了解任何内情的情况下只能做出各种猜测判断。这样，公众对科研资助机构组织的科研活动就不能很好地发挥监督作用，更别说有效监督了。因此，科研资助机构如果能够完善课题申报评审机制，在科研项目的申报评审中，除了一些必须保密的信息外，都应当将该公开的信息公之于众；或者在科研机构内的相关部门内公示或者科研团体的网站上公示申报评审环节，这样，了解情况的人越多，越能够发现问题并提出问题，有利于形成良好的监督效果。同时，提高科研项目的申报评审环节的透明度不管是对科研人员还是科研管理人员都是一种内在的约束，在对科研行为进行外在约束的条件下，有学术不端思想的人就不敢轻举妄动。同时，将评审的环节公开暴露于众，将加大媒体的监督力度，新闻媒体的报道也会引发众人的关注，并无形中给科研管理人员施加压力，对企图学术不端的科研人员也有一定威慑力。

要实现学术诚信治理的有效性，就需要依托科学共同体内部的自律，还需要依赖多方渠道的激励监督，形成有效的监督机制。如果在课题申报过程中公布了评审细节，可以加强公众对科学逻辑推理过程的质疑，那么研究人员就会以客观的态度进行解答回应，还必须找出符合逻辑的证据来论证他们结论的合理性。公众还可以对科研成果的评议结果进行讨论，督促评审专家客观公正的评审能力提升，有效降低在同行评议中出现的人为干扰因素影响（例如关系户），弥补同行评议的制度缺陷，提高科研共同体内部治理能力。公众参与科研管理的过程的监督，一方面能规范科研管理人员的评价，保证其评议程序的客观公正，加强学术管理模式的创新；另一方面也促使科研管理人员强化自身的责任意识，提升其学术管理能力。强大的公众舆论监督压力能够对科研评审中的徇私舞弊行为产生威慑力，既有利于内部治理机制的改革，也有利于外部管理机制的完善。

（二）强化科研资助机构对科研过程的监督力度

建立监督机制可以是科研机构内部的监督，内部监督指的是内部科研人员之间的互相监督，学术团体的或者专业的学术组织对其成员进行的监督，这种监督往往是非正式的，一般都缺乏力度和效度，因此惩治措施也达不到应有的威慑力效果。一是学术不规范行为的认定标准以及学术评价本身的不确定性因素太多；二是学术不规范行为主体本身违规具有一定的隐秘性，难以察觉；三是同行之间一般都碍于情面或者私交而存在互相包庇的行为；四是当涉及共同利益的时候，学术团体组织或者个人会进行包庇辩护，指控者往往会受到排斥或者打击等。而外部监督机制的设立，所起到的效果就会截然不同。一般是由政府或者科研委托方科研资助机构建立的外部监督机构，这些机构会聘请学术界的著名专家、政界的政府公务员、法律界的专业人士等组成成员，在科研过程中对有违反学术行为规范的科研人员展开专门的调查、取证、分析，直到最后制定出相应的处置方案措施。这种由科研资助机构建立起来的监督机制，可以有效加强对科研人员在学术研究过程中的监督力度，因为作为科研委托方，科研成果质量高低直接关系着科研资助机构的切身利益。

由于缺乏健全的监督机制，特别是科研资助机构在监督和批评制度建设方面缺乏合力，引起了大量的学术不规范行为，其中一个重要的原因就是，学术不规范是一项投入少获利大的事情。目前，随着互联网的发达，科研资助机构也可以利用信息化的工具对科研人员的工作进行监督，揭露学术不规范行为，并设法获得国内外媒体的信任，取得既定的成效。但这种监督缺少效用，很多时候并不能真正打击到学术不规范分子。许多真正有学术不规范行为的个人并没有得到惩处，那些被披露出来的学术不端案例中，腐败者仍然担任着他们原有的风光职务。在中国，并没有专职机构负责处理学术不端问题，在科研资助机构这类学术活动丰富的地方，更需要建立相应的学术监督机构，为科研人员开展研究活动提供一个良好的监督环境，充实学术监督法律体系。同时科研资助机构也应当积极发挥媒体在学术监督方面的重要作用，监督和揭发学术不规范行为，一旦发现腐败行为，可以通过媒体向公众公布，监督学术科研活动，并对腐败行为提出批评。监督的科学性也是我们必须考虑的重要方面，因此科研资助机构可以成立专门的学术监督部门，联合报刊和网络等媒体进行监督和打假工作，科学地认定学术不规范行为。在科研资助机构这个治理主体层面，除一些成员单位已经建立了个别的科研诚信委员会外（如国家社会科学基金委员会），还应当考虑在国家各部委（如工业部）、各省市中的各类科研资助机构建立专门的科研诚信委员会。成立这些科研诚信委员会的目的是：一旦发生学术不端行为时，科研诚信委员会就应对个别研究机构展开调查，调查之后及时公布调查结果，并对查明真相的学术不端行为采取相应的惩罚措施，如没收资助、取消资助资格等。但是，必须强调一点就是：对于某些政府部门负责主管的国家研发项目，如果发现有学术不端行为需要进行调查处理，就必须上报国家科研诚信委员会。国家科研诚信委员会主要起管理监督的作用，其履行的就是检查调查程序以及处置措施是否恰当，并且对学术不端事件的处理有最终的决定权。在具体的管理操作上，德国对学术不端事件的处理对我国科研资助机构有非常好的借鉴意义。在推进一项研发计划的时候，一般首先要成立一个学术道德委员会，由科研委托方对所负责研发计划的机构以及项目的执行情况进行监督，并要求负责研发计划的机构定期公布研究资金的使用情况并进行核实审查，一旦发现问题就能及时扼杀在萌芽状态并没收资助经费，把学术不端行为的后果影响降到最低程度。

监督职能达到良好的效果需要坚持一个前提条件：相对独立的运作系统。监督的公平性和客观性，需要相对独立的运行机制做保障，这样才不会干扰到监督对象。在国外，基本上科学基金组织监督机构都是独立的。例如，美国国家科学基金会在基金会内部设立了办公室，主要负责调查科研活动中的学术不端行为，它采用的是独立运作的模式，每隔半年向美国国会汇报一次工作情况。为了保证监督的客观性和独立性，我国科研资助机构应该致力于建立具有独立性的科学道德监督机构，同时，应当注重细化对于学术不端行为的调查程序，提升调查的专业化和科学性，独立地进行科学调查、科学处理和科学申诉等工作，使对科学不端行为的审查、对待和处理能够更加公平公正。同时，应当加强国家各科研资助机构和组织的沟通交流，开展联合与合作，以制定的统一的针对学术不端行为惩处的科学条例为依据，积极构建全国性的学术监督体系与系统，加强监督力度，更好地打击学术不规范行为。

（三）改革科研资助机构对学术成果的检查和评价机制

良好的评价机制和评价体系是科技工作者开展工作的导向，一方面能对科技工作者形成激励，另一方面对科技工作者的工作具有一定的导向作用。目前，我国科技评价体系由于多方面的原因，仍然存在一定的问题，需要进一步进行整合和修正。我国科技评价体系主要存在以下几方面的问题：着重点不突出，重论文轻工作水平；重数量轻质量；重硬件设施轻人才队伍培育等。要改善这种状况，必须不断推进评价体系改革，完善评价体制机制。在评价标准上，应当建立多重评价体系，按照研究类型（基础研究、应用研究和公益性研究）的差异，进行指标体系划分。比如，公益性研究应该更加注重它的社会公益效果和实践效果；基础性研究就应当拉长评价周期，更加注重研究的前沿性和长远影响；应用研究就应当注重其实用价值和对现实问题的解决。在评价方式上，要更加注重过程性评估，注重评价过程的公开性和透明性，并建立良好的监督机制，保证评价过程的公平性和公正性。在评价内容上，要注重直接和间接相结合，近期和长期相结合，显性和隐性相结合。要特别关注学科交叉性项目等创新性项目。总之，应当以科学的评价体系为导向，引导科学工作者树立良好的科研态度，认真踏实地投入科学研究之中。

首先，从宏观上要完善科学研究开发项目管理制度，将科研诚信的要求融入项目管理的每一处细节。一方面，建立多样化的项目管理模式是必要的，这可以由政府部门和相关管理机构牵头，通过建立目标责任制度、完善专家评审制度等方式，进一步完善诚信管理中的决策和监督机制，实现问责制的合理实施。特别是在科研项目管理方面，各部门和相关机构的协同合作是非常必要的，只有加强教育部、科技部、国家自然科学基金和国家社科基金等科研资助机构的合作，才能构建更加健全的诚信管理体系。另一方面，应当完善信息公开和公示制度，重视管理过程中诚信机制的构建，让公众尽可能地了解科研项目资助的具体操作流程和进展效果。与此同时，我们还应当重视项目管理制度和方法的与时俱进，使其适应我国现有的科学研究实践与科学事业发展现状，除去那些不合时宜的条款，构建管理科学、氛围宽松的研究氛围。

其次，改革考核评价与奖励制度是治理学术诚信的关键环节。构建合理的考核评价与奖励制度，有利于推动我国科学事业的健康有序发展。应当构建符合中国国情的科学的人才考核评价机制，引导科研工作者用更加踏实认真的态度去工作，树立正确的价值观和工作观，严谨治学，破除个别错误的价值取向。同时，政府部门和相关科研机构院所在构建评价体系和机制的时候应当注重多样性，使其能适用于不同的领域和机构，以提升评价奖惩活动的有效性。并且应当充分发挥科学共同体在评审管理和监督方面的重要作用。同时我们发现，不断完善科技政策，可以减少和避免不良的科学行为的发生。比如在科学评价导向方面，应当广泛借鉴国际上的先进经验，完善从科研立项到科研成果评审全过程的审理机制，全面改善科研人才的评价和激励体系。在科技计划和项目管理制度方面，应当不断强化科研人员的诚信意识，重视科技信用管理制度的推行，加强对学术不端腐败行为的惩处和预防，重视对学术诚信行为的奖励，对科技人才的评价体系和激励机制进行积极的有效控制。如在基础人才评价中，不应过度重视论文发表的数量和刊物级别，而应当把论文发表的质量放在核心位置进行考量。在人才任用制度上，应当弱化学历和年龄等指标，强调指标多元化，顾及弱势群体的利益，对其进行适当的关照。在人才的评价中，应当及时公布可能涉及利益关系的学缘等关系性群体，积极将回避制度运用到人才评价实践之中，减少或避免任人唯亲；减少行政干预在科技人才任用和评价中的作用泛化，弱化学术职称泛化现象，消除官本位现象；做好揭发学术不端行为举报者的工作，推动程序合理化、合法化。

最后，建立健全科技信用体系对于学术不规范的治理工作是很有必要的。市场经济的发展对于科技发展也提出了新要求，要求我们进一步加强科技信用管理制度建设。科技评价对政策制定具有一定的导向作用，因此在开展国家科技计划和项目评价的过程中，应当重视科技信用管理，注重科学评价的公平性、公开性和公正性，形成有效的评价机制，建立高效的反评估机制和专家信用机制，完善评价申诉机制和意见反馈机制，防止和减少学术不端行为。同时，在建立我国科技信用评价体制的过程中，应当注重同中国传统文化相结合，提升和培育我国科技工作者的诚信科研意识和信用管理意识。充分发挥科技评价的政策性导向作用，不断完善科研诚信承诺制度。以签署科研诚信承诺书的方式，约束科研项目从申请到执行直到后面的评审评估的各个环节，实现有效的约束和管理。建立信用档案也是一个值得推广和运用的方法，个别科研计划项目和基金的管理机构，应当把财政性资金运用到科技信用档案的建立中来，并将科技信用档案作为科技评价的重要依据。建立科技信用信息共享机制，将科技信用状况作为科技机构和高等院校聘任人员和职务评定的重要依据，实现对于科技工作人员的有效激励和约束。良好的评价体系是科研工作者开展工作的导向，这样才能形成对科研工作者的正向激励，对科研工作者的工作具有一定的导向作用。关于科研资助机构对于学术检查和评价机制的构建，关键的一点是要建设一套完善的制度体系，形成学术评价公示制度、学术责任追究制度、匿名评审制度、评审责任制度和公开答辩制度等制度相结合的制度体系，探索建立评审专家库和随机遴选制度；同时可以将网络技术融入评审中，引入外国专家加入评审中，实现评审国际化。

（四）统一规范科研资助机构对学术不端行为的惩治方式和力度

科研资助机构要实现统一规范对学术不端行为的惩治方式和力度，首先一点就是要明确学术诚信的责任，否则就难以追究学术诚信的责任。一般来说，按照研究和管理行为负责的原则，相应的责任应当由行为主体来承担。根据前文关于学术诚信主体范围的界定，主要的责任主体应当是科研人员和管理人员，这些人员应当为各自履行的职责和行为负责。但是，在当前我国的科研管理制度构建中，并没有设立处理科研诚信问题的专门机构，并且科研责任追究制度的构建也不太健全，从而导致学术诚信责任追究机制实现变得非常困难。要统一规范科研资助机构对学术不端行为的惩治方式和力度，就要解决科研诚信的实现机制问题，而且要完善科研诚信责任追究制度构建，唯有如此，学术不端行为的责任追究乃至惩罚才有依据并落到实处。一方面，科研资助机构要统一设立专门的学术不端行为的惩罚机构，这是落实学术不端行为治理的保障。这些机构作为科研资助机构委托的执行主体，对那些有嫌疑可能的、被举报的学术不端行为进行受理并展开调查，给举报者一个明确的定论，并根据相关规定作出惩罚或者建议相关部门对学术不端行为主体责任人采取相应的惩治措施，不管是举报人还是被举报人，其权利都能得到维护。另一方面，科研资助机构要统一并加大对学术不端行为的惩罚力度，唯有如此，才能起到对学术不端行为责任主体的警示作用和应有的效果。根据情节轻重采用相对严厉的惩罚措施以提高学术不端行为的成本，让学术不端行为人付出沉重的代价，才能使他们对学术不端行为想法及时刹车。一旦被发现有学术不端行为猫腻，要收回给他们的科研资助金和各种荣誉，并且取消几年之内的申报资格，情节恶劣的还要被逐出学术界，永久不得从事科研职业。

就目前的情况来看，我国科研资助机构对学术不端行为的惩治力度远远不够，这也是学术不端现象猖獗的原因。据有关调查表明，凡是被揭发出来的学术不端行为事件只有极其少数部分得到了处理，而在少数处理的案件中，科研资助机构对科研人员以及管理人员的惩罚都较轻，处理的结果一般都没有向公众实名公布。因此，很多专家认为，科研资助机构对科研人员缺乏有效而严厉的惩罚措施是纵容他们反复学术造假的重要因素之一。如果对某些科研人员的学术不端行为的惩罚措施足够严厉，那么对行为人违背科研的行为就会产生一种威慑力。因此，科研资助机构也要协助学术界共同惩治并铲除学术不规范行为，必要的时候加大处罚力度，尤其是要实名公布处理结果，以便接受公众的监督，做到处理得公平公正，绝对不能纵容包庇，始终保持科研人员队伍的纯洁性。一旦发现被委托方的科研人员有学术不端行为时，要让科研单位（机构）承担相应的监督与管理责任。除了要追究科研不端行为人的责任外，同时还要追究负责科研单位的管理监督责任。在我国目前的许多科研承接单位中，对那些有科研腐败行为的人员，往往为了单位声誉或者出于对科研人员的保护而采取避重就轻的办法大事化小、小事化了。如果科研资助单位发现科研单位的人员有这种腐败行为时也任由这种情况发生，那么对科研队伍的纯洁性无疑是一种玷污。科研资助机构一旦发现科研单位的学术不端行为之后，除了要追究科研不端行为人的责任外，本科研单位的管理人员同样也要担负管理不善的责任。科研单位作为科研诚信行为的责任主体，一旦查出学术机构内有学术不端行为人，不管是科研资助机构还是上级政府主管部门，都有权力对科研机构的监督进程和效果进行审查，并追究学术不端行为人所在科研机构的监管责任，同时还要对相关人员进行严厉处罚和强力打击，使其付出重要代价，并对其他的科研人员形成约束力，启示他们严格遵守学术道德。

尽管学术界对于学术不端的行为现象都采取了相应的惩治措施，但是其惩戒力度远远不够，往往达不到应有的惩戒效果而不可避免地使一些学术不规范行为存在，那么规避这些腐败行为的一个方法就是采用合理的惩戒机制，这样可以有效地惩罚那些行为腐败者，同时对于公众也形成一定的约束力，减少学术不规范行为的发生。我们认为，就科研资助机构来说，采取正确的惩戒方式很关键，惩戒方式应当符合学术界的原则和模式，采取合理有效的处理方式，避免过激和过度处罚，在合理惩戒腐败行为的同时争取得到社会公众的认同。通常的做法可以是由第三方（政府或者科研管理部门）成立专门监督机构，他们承担着对违规行为进行调查、收集证据等工作，直到最后对于违规行为的处理也是由他们负责。这些机构通常是由各界专家、科研人员和通晓法律的人才组成，通过专业的预防违规活动的开展，有效地惩戒不文明行为，有效规避违规行为的产生。但对于事后惩戒的利用一定要控制在合理的范围内，防止使用过度带来的不良效果，因为它是学风道德的防护墙和重要支撑，因此要对其进行合理的控制，一旦控制不好，往往适得其反，产生不可挽回的缺失。当今，科学领域内还未建立起统一的规章制度，用于处理那些学术不规范行为，这就使一些违规项目从一个部门转移到另一个部门，这样就避开了审查。例如在 2001 年，国家自然科学基金委员会处理了一名获得国家杰出青年科学基金奖的教授，该教授偷梁换柱伪造文献中心的情报检索证明，将自己的 SCI 论文 1 篇更改为 7 篇，这种严重的学术不端行为，受到相关部门的严肃处理，被取消 4 年的国家自然科学基金申报资格。然而时隔不久，这位教授又获得了另外一国家部委的重要人才资助计划。后来，经过双方协商，该国家部委在征求了国家自然科学基金委员会的意见后取消了对该教授的资助计划。而在美国，要是出现这种严重不端的学术行为，该违规行为主体不但不能得到美国国家自然科学基金的资助，而且还会取消他获得的所有美国联邦机构的资助资格。目前，我国科研资助机构在处理学术不端行为的时候，往往比较单一，缺少配合性，这样无法从根本上治理及防治学术不端现象。因此，我们建议在防治和处理学术不规范现象的时候，科研资助机构应加强上级部门对下级部门的统筹作用，做好示范，同时，应当加强各资助机构部门的配合，加强彼此之间的交流，不断推动我国学术诚信体系的构建。

二　横向产学研合作委托单位的治理对策

（一）产学研合作形成三方互动的关系

产学研合作委托是产学研合作的高级形式，鉴于其在国家创新体系中的重要地位，很多学者对其内涵进行了界定，逐渐取得了共识。研究者们普遍认为，产学研合作委托是指基于市场机遇，在政府的支持下，企业、大学和科研院所从各自的发展战略目标和战略意图出发，结合彼此的资源或优势而建立的一种正式但非合并的合作关系。从系统特征来说，产学研合作实际上构建了一个大学—产业—政府三位一体的系统，通过一系列的合作形式与机制，形成三方合作互动的关系。在这个系统中，既有大学的科研资源，又有企业基于市场需求的灵敏嗅觉与产业资本，更有政府的法律法规保障、政策引导与资金投入。产学研合作联盟作为产学研合作的高级形式，并以其利益共享、风险共担等特有的优势而成为人们关注的焦点。将产学研三方纳入学术治理的联盟具有以下优势：第一，观念创新，切实转变大学职能，把建设创业型大学作为战略导向。当前的一个重点是可以把建设创业型大学作为战略导向，要大力提倡科研创业的理念，将创业精神纳入产学研合作实践，调动科研人员的创业积极性，形成良好的创业氛围。第二，制度创新，努力构建适应产学研合作联盟的运行机制与激励机制。从内生动力激励出发，设计良好的激励机制，鼓励科研人员进行科研成果产业化，在评价体系上，突破以往以科研人员的学术水平为主的评价方法，把科研成果产业化取得的绩效纳入评价体系；此外，还要妥善处理好产、学、研合作中的利益分配与风险共担等问题，在知识产权和专利权的归属上，要明晰产权利益，注重对知识产权的保护。第三，积极争取政府的参与、协同与投入，为产、学、研合作联盟提供切实保障。纵观国外发达国家产学研合作联盟的发展历程，无一不是以政府提供立法保障实现飞跃的，比较典型的如美国的《莫里尔法案》《国防教育法》等，因此我国政府特别是地方政府要以相关立法的形式对产学研学术治理合作进行持续鼓励和资助。要落实国家有关法律法规，加强对产学研合作的政策引导，在公共技术支持平台建设、完善创新服务体系等方面，构建信息服务交流平台，为产、学研合作联盟提供良好的服务。同时，要进一步加大经费投入，也可以仿效美国设立国家科学基金会的形式，加大对高新技术成果转化的支持力度。还有一点，要给予大学更多的办学自主权，使大学科研人员有发挥主观能动性的空间，激发科研人员的创新活力。第四，积极推动成立科技中介组织，充分发挥科技中介的沟通协调与信息服务作用。我国目前的科技中介组织大多是在政府扶持下设立的，科技中介组织的单一性严重制约着科技成果转化效率的提高。因此，我国大学要借鉴国外大学经验，如美国斯坦福大学成立的技术转移办公室，结合自身情况可以考虑成立产学研合作的“指导中心”或“协调办公室”，成员由政府部门和校企双方及有关人力资源管理专家等人员组成，以组织和推动产学研合作项目的实际落实。此外，要积极成立“科技创新孵化器”，与企业形成战略联盟，也可通过与政府、企业构建全面合作机制，进一步密切三方的联盟关系。

（二）横向课题引入第三方管理机制

横向经费是相对于纵向经费而言的。“纵向”经费是指从政府部门（包括政府背景的基金）获得的课题经费；而“横向”经费是指从企业、社会机构处获得的课题经费。由于两类经费来源和价值不同，对前者的管理非常严格，对后者的管理则相对松散。于是，“找票报销”套取横向经费等违规甚至违法行为频频出现，备受社会诟病。横向产学研合作委托单位为企业，其对学术研究单位来说，一般要求解决生产经营中的实际问题，由于研究成果的应用将对横向课题委托单位的发展带来一定的影响，因此，横向课题委托单位针对研究成果的学术诚信问题可以采取以下治理措施：首先，横向课题委托单位应要求研究单位出具查询报告，以证明研究单位的诚信。同时，也通过研究成果的查询，避免与类似的研究成果产生不必要的学术纠纷。其次，建立学术诚信保证金制度。为鞭策研究单位认真研究，使研究成果满足委托单位需求，同时践行研究的学术诚信，委托单位可建立学术诚信保证金制度，在课题经费管理上可以按照经费一定比例提取，作为研究单位践行学术诚信责任的保证金。待课题结题并确保研究单位的研究成果真实有效之后，再支付学术诚信保证金。最后，引入第三方学术诚信监督管理机制。由于横向课题研究内容更接近企业生产经营实际，在横向课题研究实践中，委托单位一般对课题本身的监督和管理相对宽松，研究单位尽管也制定了横向课题管理办法等规定，但在实际执行中，对课题经费管理更侧重于课题质量管理。因此，横向课题委托单位有必要引入第三方管理机制，对研究成果的质量进行监督和评价。由科研工作者对外单位承接从事的专门研究课题。横向课题的立项主体，通常以招标、磋商等非行政方式确定课题负责人、研究团队及研究方案，一旦双方签订课题合同协议，即进入执行过程，实际上带有承包性质。相关课题经费的管理规则，是在国家法规框架之下，由课题发包方予以明确，并由承包方以自愿接受课题任务的方式，接受这些经费管理规则约束。对这类课题经费实行科研人员本单位代管的财务监督管理和内、外部审计时，也应以国家法规和发包方具体规则为依据。2016 年 3 月 5 日，李克强总理在《政府工作报告》中提出，扩大高校和科研院所自主权，砍掉科研管理中的繁文缛节。这一要求同样适用于高校和科研机构对横向经费的管理，即摒弃“行政化”的既有思维以及苛刻、繁文缛节式的管理与核查、追溯，适当增加课题负责人的自主权，使其在遵循相关法律和委托方设立、承包方接受的具体规定的前提下，根据具体情况合理安排差旅、劳务等各种费用的支出。当然，管理部门还是应做好对这些支出的审核，防止套取经费等科研腐败行为的出现。

第二节 教育科技部门的治理对策

一 强化行政立法，建立健全学术惩戒机制

我国当前关于学术不规范的行政立法基本上处于起步阶段，对于学术不端行为的处罚或处分还无相关依据，已经处理的都是单位自行决定，自由裁量权很大，同样的学术不端行为处理的结果可能相去甚远。我们应该加快立法步伐，统一学术惩戒规范，建立健全科学有效的学术惩戒机制。

首先，应当加强顶层设计，设立一个全国性的学术规范监察机构，专门受理举报、调查和处置学术不端行为。外国在这方面走在了我们前面，美国公共卫生服务部下设的“研究诚实办公室”，专门接受举报，并调查和处理由美国政府资助的研究项目中的欺诈行为，并随时公布违规者的姓名、单位、违规情况和处理决定。2001 年，美国得州大学奥斯丁分校教授鲁吉洛被发现以前她在哈佛大学工作期间，弄虚作假，编造心理学方面的调查结果，结果被裁定五年不许申请科研资金。虽然此前鲁吉洛已经获得终身教授职位，但她还是被迫从现任大学辞职。五年拿不到科研资金，已经基本把这个人赶出了学术圈子。匹兹堡大学一名前博士后被发现在一篇已发表于《自然》的论文和另一篇未发表的论文中捏造实验结果，窃取他人的实验成果，受到了三年不得参与由美国政府资助的研究项目和在美国公共卫生服务部设立的任何委员会任职的处罚。并且，对于学术不规范行为的调查结果应向全社会公布。全国性机构的介入，可以避免单位基于人情关系或维护单位声誉而导致的调查不真实，处理不恰当，以至于包庇、袒

护等情况。

其次，学术不规范行为的惩戒方式，在不触犯法律的前提下，应主要从学术范畴考虑。我们可以参照外国，在外国如果因有学术不端行为，一旦被发现了，便会被限制在几年内不得再从事学术活动或者被逐出当前的学术界，在我国，也规定在若干年内不允许再行申报，并取消各种导师资格，甚至不允许在若干年内申报各类课题，在学术界就无法再立足。在教育部的系列规定中就有学校失范惩戒机制，各高校也制定有自己的奖惩机制，从学术的法治化方面去进行标本兼治。

二 完善知识产权立法，加强对学术成果的保护和增加侵权行为的责任

我国知识产权法可操作性不强，侧重于知识产权中财产权的保护，但对于专利申请权、署名权、发表权、保护作品完整权等无直接财产内容的权利保护不够。而学术不规范范畴中侵犯知识产权行为基本是属于这一类型，因而必须完善这方面的立法，加强对学术成果的保护力度。

首先，无直接财产内容的知识产权保护在立法上应更加重视，经济效益并不是衡量权利轻重的关键。侵犯复制权，有非法营利，法律责任就重；通过抄袭剽窃，获得学位、职称，但没有非法营利，法律责任就很轻。这种立法精神在本质上是不正确的，亟须要纠正。

其次，提高知识产权法，特别是《著作权法》的可操作性。无论是采用修改现有《著作权法》的方式，还是采用重新制定《著作权法》的实施细则的方式，对著作权的使用限制及保护都应该规定得更具体实在。例如，在美国，像那些整页、整图、整表等大规模的征引，即使是注明资料来源，也不能任意引用，而必须先申请版权许可。我国现行的《中华人民共和国著作权法》，并没有对学术研究中应该怎样使用他人成果做出任何具体的规定，而这正是目前防止学术不规范必须而且可以做到的事。应该制定实施细则，包括在多大程度上和怎样使用别人成果不算抄袭，或构成抄袭，从他人著作中采用多少文字、图表、地图、图片等应获著作权持有者的同意等。这样，便于对版权的管理，打击学术不规范也有法可依。

最后，加大侵犯知识产权行为的处罚力度。目前，侵犯著作权的民事责任偏轻，建议消除影响、赔礼道歉应该在公众媒体上公开进行；赔偿损失应包含对著作权人的精神损失；著作权管理行政部门对于侵权人的行政处罚，除了没收非法所得，罚款应增加数额，实行严罚。使学术不规范者非但不能获利，在经济上还要遭受巨大的损失。

三　建立健全科技进步和科研管理的法律法规，将学术诚信治理纳入法制化轨道

目前，我国学术界出现了大量的学术不规范行为，这对我国推进科研诚信和学术道德建设提出了更高的要求。应当推进制定和完善我国的学术行为规章和细则。加强相关内容的研究，加强与科研工作相关的法律建设，制定打击和惩处学术不端行为的措施，明确各相关责任人，充分维护科学工作者的权益和利益。与此同时，科学共同体也应当加强自身的行为规范和规章制度建设，各科研机构和大学院所也应当讨论出自己的细节和规划。这些过程都需要政府和相关部门的支持和引导，政府部门应该指导相关部门和机构组织制定出与科学研究、评议审议、成果裁定、技术转化等相关的规定与措施。

研究其他国家的政策措施得出经验，许多的国家都制定了符合自身情况的与科研活动相关的政策与规章。例如 2000 年 12 月，美国制定了《关于科研不端行为的联邦政策》。2002 年，芬兰制定了《良好科研规范及科研不轨与欺诈行为处理程序》。2004 年，英国制定了《科学通用伦理准则》，波兰制定了《良好科学行为的准则》。2006 年 2 月，澳大利亚制定了《澳大利亚负责任行为规范（征求意见稿）》；4 月，日本制定了《科学工作者行为规范（征求意见稿）》。还有许多其他的国家诸如俄罗斯和印度等国，它们虽然没有制定单独的规章制度，但是，它们都将与学术道德相关的条例融入国家审计与知识产权相关的法律之中。[①] 令人欣喜的是，许多国家还提出了这样的规定，

---

① 董建龙、任洪波：《国外加强科研诚信建设的经验与启示》，《中国科学基金》2007 年第 4 期。

即科研院所和管理机构可以根据自身情况制定本部门或者机构的规章制度，但这些制度不得与国家的总体政策方针相抵触。美国白宫科技政策办公室公布的《关于科研不端行为的联邦政策》就是一个很好的例子，它规定各联邦部门的机构可以根据联邦政策来制定自身的与学术不端行为相关的规章制度。[①] 大量的政策措施内容都显示，这些政策措施主要涉及这样几个方面：科学不道德行为的认定、科学不道德行为的处置程序和科学不道德行为的惩戒措施。

第一，科学不道德行为及相关概念的解析。各个国家对其概念的界定不一，概括起来主要包括以下几个方面的内容：在项目申请、研究方案与活动开展、研究工作、成果审议及调研报告等方面的造假、抄袭等行为，也包括其他比较严重的违反科学道德和原则的学术不端行为。非常多的国家都对科学不端行为做出了解析。2000 年，美国发布了《关于科研不端行为联邦政策》，界定了许多相关概念。

第二，关于科学不道德行为的处置程序。科学不端行为的认定程序非常重要，必须保证它的公平性和公正性。因为科学不端行为的认定涉及非常多的问题，诸如被揭发人和揭发人的声誉、相关科研单位的荣誉和利益。正如美国联邦政策指出，科学不道德行为的认定主要由三个步骤组成：询问、调查、判定。但是，判定这一程序是与科研机构和调查活动相分离的，它是独立的。不同的是，德国马普学会认为科学不端行为的认定主要包括初步询问和正式调查两个阶段。虽然不同的机构对于不端行为的认定程序意见不一，但总结起来它们的内容也大致相同，具体而言主要包括认定的具体环节、认定的组织单位、询问的具体活动开展的执行单位和人员组成，以及调查的持续时间等，其中，它们对各阶段报告应当包含的内容和各方当事人的权利及利益也做出了认定。

第三，关于科学不道德行为的惩戒措施。一旦科学不道德行为被确认，行为人就会受到相应的惩罚。相应的惩罚措施主要包括以下几

---

① 刘军仪、王晓辉：《促进科研诚信：美国科研道德建设的经验》，《外国教育研究》2010 年第 5 期。

个方面：就行使制裁权力的主体来说，主要是由相关科研机构或者国家司法机关进行制裁；就适用规范来看，主要包括行为人所在单位的制裁和国家法律方面的制裁；就制裁内容而言，就包含了经济、学术和法律等方方面面。[①] 同时，我们看到，美国和欧洲等国家都非常注重对学术不规范行为的惩处，并将法律惩处引入其中，这与他们一直倡导的科学法治也是统一的。借鉴美国经验，我国在处理科学腐败行为的时候，也可以适度地引入法律，特别是针对一些情节后果比较严重的违规行为应该进行法律惩处。那么如何实现法律对于科学腐败行为的介入呢？前提就是要制定相应的法律，也就是有法可依，除各部门制定的单一的规章制度之外，还应在我国法律体系中加入对学术不端行为惩处的条例和条款。

反观我国现实的具体情况，我国并没有制定完备的合理的学术道德规范和规章制度，要改变这种状况，应该从源头上改变，以理论研究为支撑，针对机构部门自身情况，制定规章初稿并进行讨论，形成能被部门机构全体人员所接受的规范规章，使部门机构开展科研学术工作有规章所依，从源头上保证保障学术工作的诚信开展。自律是学术道德建设的重要基础，他律是自律的重要补充。科学事业的健康发展，不仅仅依赖于诚信道德思想的内化和培养，更需要外部化的制度规章。2012 年 12 月，欧洲科学基金会提出，“科技界基于传统方式的自律和逐渐培养科学纯洁性的观念，已不能满足公众和政府对科学的殷切期望”。在此种情况下，最适用的方法就是将自律和他律结合起来，同时坚持一个前提，那就是规范。综合分析我国的科学道德规范体系，它主要由以下几个方面组成：一是崇高的科学精神典范（楷模）；二是良好的科研实践规范（示范）；三是基本的科学道德规则（底线）；四是严格的不端行为罚则（黄牌）。伴随着体制机制和规章制度的完善，加之科研人员的努力，我国渐渐建立起了一套完备的诚信科研管理体系。目前，我国进行诚信制度建设与管理的基本原则是，将政府的宏观操控和引导与学术机构的自主管理相结合。

---

① 孟伟：《西方发达国家如何应对科研不端行为》，《科技导报》2006 年第 8 期。

因此，建立全国性的统一的与学术不端行为相关的政策法规非常必要，统一的政策法规，有利于为我国科学界建立起一套统一的标准，净化学术空气，规范科研行为，实现学术水平向更深层次的推进，逐步走向国际化。制定合理的道德规范和参考体系是推进学术规范建设的前提，这就需要科技界顶层和相关科研机构的配合，顶层机构制定相应的道德参考体系和规范准则，并引导相关科研机构提出意见和建议，并鼓励和引导其制定机构自身的学术道德准则和政策机制。制定出合理适用的道德规范，并加强宣传，不断推进科研人员的学术规范意识，深化其自律和自我约束行为，营造健康的学术研究环境。与此同时，具体学术规范和政策的制定建议由教育部、科技部、中国科学院、中国社会科学院、国家自然基金、国家社会科学基金等部门统一制定和协调。之前中国科学院的实践就是很好的例子，他们制定并出台的《院士科学道德自律准则》在学界产生了深远的、积极的影响，但对于推进学术道德建设还远远不够。我们强调应该积极将学术规范建设引入国家自然科学基金工作之中，毕竟项目研究是科学研究中一个非常重要的方面。所以，制定相关的规章制度是非常必要的，这样在科学界树立一种诚信的学术氛围，使实事求是、积极创新的精神能在学术界得到推广和发扬。同时，这也可以给科研工作者树立积极的信号，引导他们客观表达自身观点，认真填写科学基金申请书，在撰写工作报告的时候也本着客观真实的原则，不断推进我国科学界的精神文明建设，最终实现我国科学事业的大发展、大繁荣。

在建立和推进自己国家诚信道德体系建设的过程中，应当在借鉴别国经验的基础上，结合自身特点进行改良，不断创新体制机制，建立更加有效的社会控制系统。特别值得讨论的是，科研道德问题错综复杂，美欧都将“科学不端行为”作为突破口，将视野聚焦于此，制定相应的制度和政策，合理防范，严肃处理，净化学术空气，营造良好的学术氛围。我们分析美国采取的策略发现，政府在推进科学道德建设方面正确的做法应该是在公共政策的推进过程中实现道德诚信建设与学术规范建设。但是，要建立受到政府及公众认可的政策体系也并不是一件容易的事情，美国用了 12 年的时间才完成并出台了关于科学不端行为的政策。至于为什么花了这么长的时间，这与美国历年来对科学界坚持的管理原则有关，他们坚持给科学界充分的自由，希望给他们更多的自由空间。经历了12年的酝酿，出台这项政策，在学界和社会界都引起了积极的反响，对于推进学术道德观念在全社会的普及起到了积极的作用，与此同时，也留给科学界充分的自由和空间，可以充分发挥他们的自我约束精神和自我管理精神。

根据国外经验，我们可以从以下几个方面来加强学术规范法制建设。一是应该在各研究所或者实验机构中广泛建立基本的科学研究行为规章。各科学共同体应当结合自身情况和国内学术科研氛围建立起符合自身的实用的行为规章制度。首先，应该提升科研人员的责任意识和诚信意识，通过建立信息资料库、老员工带新员工、推荐最新研究成果、开展学术论坛和讲座等形式，明确科研人员的责任意识和诚信意识。其次，科学共同体中应建立良好的自我约束和管理机制，这就需要通过多样化的宣传和培训来加深科研人员对于部门规章制度的了解和认同，加深其认同感，从而实现有效的自我约束和自我管理。这里可以援引哈佛大学培养科研人员诚信道德的例子来说明如何更好地培养和建立科研人员的诚信意识与诚信行为。二是科学共同体应当尽量提升科研机构规章制度的权威性，科研人员在从事科研工作的过程中应主动遵循这些规章制度，明确如果一旦违反这些规章制度将受到严厉的处罚。比如说，作为学术工作者，首先应当明确原始资料和数据是学术研究的基础，应当尊重原始数据，不要随便改动，更不能伪造原始数据；作为同行评议者，在开展评审工作的时候，应当坚持公平公正的原则，按规定做好匿名评审和回避制度，保证评审的真实性和客观性；在发表论文和出版著作时，应该坚持做好匿名的外部审稿人制度，审稿人应当按照规章制度做好审议工作，不得人为操纵评审结果，使结果出现失真和不科学的现象。遵守规章制度的前提就是要让科研人员明确并认同机构部门的规章制度，明确违反规章制度将受到严厉的处罚。处罚方式各种各样，主要包括严重警告、取消研究项目资助、没收科研基金、开除职务等；对于情节严重的科研不端行为，甚至会给予相应的法律制裁，比如罚款、将其违纪情况记录在案等。

四　建立严重学术不端行为司法审判的常态机制，将学术诚信治理纳入司法管理轨道

加快推动科研诚信立法以及严重学术不端行为的司法审判，将学术诚信治理纳入司法管理的轨道是非常有必要的。诚信规范与法律法规之间应当形成良性的互动协调，并在法律体系中加入与科研诚信相关的法律法规，这样才能形成长效稳定的法律制度体系，保证学术不轨行为的揭发举报、调查取证、监察监管、公示宣传和处理惩罚等的开展更加顺畅，做到有法可依，并建立起严重学术不端行为的司法审判常态机制，避免或者减少学术不端行为的发生。

因此，中国要尽快建立专门的惩治学术不端的法律，或者尽快在《著作权法》《专利法》等相关法律中完善惩治学术不规范的内容，并增强其严密性和可操作性，确保有法可依。特别要对违反规范的行为和处罚方式等进行具体界定。从现有的规定看，我国对学术不规范的处罚力度明显不够。由于《著作权法》的民事法律性质，其对抄袭、剽窃等学术违规行为规定的责任形式为"停止侵害、消除影响、赔礼道歉、赔偿损失等民事责任"。赔偿损失作为唯一的财产责任形式，在实际中由于很难判断受害者的损失额，即使采用了，处罚也很低。另外，《刑法》第217条规定的侵犯知识产权罪对抄袭、剽窃等行为基本上没有适用的余地。在这方面或许可以借鉴美国的做法，在美国，剽窃不仅是一种学术上的违规行为，而且也是违法行为。剽窃行为不仅受到民事法律的制裁，而且剽窃行为往往构成欺诈，"除了治理财产问题外，剽窃者也犯有欺诈罪"。而构成犯罪则会受到刑事处罚。正是由于对剽窃行为采取了严厉的法律处罚，才大大减少了剽窃行为的发生率。而且，对学术不端行为不仅给予相应的民事、刑事处罚，而且也要加大行政和纪律处罚力度。有关学术机构应当收回给予学术违规者的各种荣誉，取消他们行骗所得的各种实惠，剥夺他们进行学术活动的权利。这样使那些搞学术不规范的投机者不仅无利可图，而且还得"亏老本"，最终在学术界无立足之地。

从国家层面来看，加强大学学术诚信立法为学术朝着更加规范化

方向发展提供了依据。大学的学术规范一般都是自治章程，因此常常把学术诚信问题当作纪律问题来看待。但是，大学的管理部门在对违规者行使纪律处分时，往往会滥用权力而对当事人的权利构成威胁，因此在治理学术诚信的过程中也需要考虑当事人的合法权益受到法律保护，因此需要司法介入学术治理。大学的学术自治是一门很深的学问，无论是公立大学还是私立大学，都有自己的组织部门加以管理。学术自治也是有合法的依据的，只要学者能够明白学问自身的特性，那么在学术治理这一问题上就应当由学者们自己解决。学术诚信治理问题也是自治的范畴之一，只要是在这个合理的限度范围内就不应当有司法的介入。但是，学术自治也是有限度的。当出现严重的学术不端行为或者是学术不规范治理超出了可控的范围，那么就有必要引进司法介入了。

学术诚信问题是一个既涉及学术也涉及纪律的问题，既有人们的主观判断也包含有客观事实依据，如果纯粹是学术问题，那么大学就有处分学术不端的合法依据，只要学校没有做出违背事实而处分或者是以不当理由处分的行为决定，那么法院就不应当干预。然而，学术诚信问题既是学术问题也是纪律问题。然而，学术不规范既是诚信问题也是纪律问题，大学进行学术不端处分的依据既要以学术自主权为依据，同时也需要事实依据。以美国大学为例，法院在受理学术诚信诉讼的案件时，就将学术诚信定位为纪律问题。之所以有这种定位，一方面是基于学术诚信涉及事实，同时在处理解决的过程中也需要确凿的证据和完善的程序；另一方面，对于学术不端行为的指控要比其他违纪行为的指控更使当事人处于难堪地位，可能会给当事人的学术前途带来一定的负面影响。因此，把学术诚信问题看作纪律问题能更好地保护当事人的合法权益。因此，将我国学术诚信治理纳入司法程序，走上法制化轨道是非常有必要的。一方面可以使学术不端的治理更加具有严肃性和公正性，另一方面，对于当事人的权益保护也有一定作用。按照司法审判的常态机制，司法处理程序包括以下几个主要环节，一般有质疑、申诉、调查、裁决、处置、结案等。

五　统筹协调教育科技部门、科研资助机构、社会中介组织、高等学校、企业等关系，形成学术治理的合力

根据多中心治理理论，大学学术治理是一个内部治理和外部治理相结合的多元化主体的治理格局，唯有如此，才会形成学术治理的合力，达到共治和善治的目的。具体的做法就是，政府作为"掌舵者"，在多元化治理主体中要起引领作用，统筹协调教育科技部门、科研资助机构、社会中介组织、高等学校以及企业等关系，加快完善开放合作的机制，共同参与大学的学术治理，形成学术诚信治理的合力。逐步形成一种以教育科技部门加强学术治理的法律法规体系建设完善，科研资助机构加强学术诚信治理的协助引导，社会中介组织加强学术诚信治理的监督，大学和企业担当起学术诚信治理责任的学术诚信治理体系。随着科技知识之间的相互渗透和交叉，主体科学间交叉融合和相互渗透是当代科学发展的一个必然趋势，新学科领域既是科技发展的大前沿阵地，也是竞争最为激烈和推动社会经济发展最为有潜力的高地。目前少数科研资助机构和高等院校或者企业的研究团队之间存在相互分散闭塞和分裂分割的现象，甚至"近亲繁殖"，没有建立并形成与外界的互动沟通交流机制。这与科学精神是背道而驰的，也容易制造学术不端行为。因此，政府要制定一套促进科研系统内部开放的政策，逐步形成并实现教育科技部门之间、科研资助机构与大学、企业之间的开放交流合作，建立信息共享平台，形成学术治理的共治合力。

目前，在我国经济社会的发展过程中，科研诚信问题越来越成为一个关注度非常高的社会问题，科学界也认为科研诚信建设是科技工作的重要组成部分，政府应当把它放在重要的位置来抓。但是，推动科研诚信建设并不是一件容易的事，需要各方面的共同协作才能实现，该过程中需要给各职责部门找准自身的角色定位，进行合理的分工，并从宏观政策大局上不断推动制度和措施的完善，建立科技界的良好社会风评，提升其社会认可度。目前，我国政府非常注重科学研究事业的发展，也不断加入对科学研究的经费投入，对于推进科学研究事业的发展起到了巨大的作用，但经费分配不合理等问题仍然制约

着我国科学事业的良性发展。比如某些项目申请程序烦琐，过程复杂。对于基础性研究和社会公益类研究的支持持续性差，导致这些研究的开展经常面临经费的缺失。要解决这些问题，政府必须完善科研经费分配体系，优化投入机制和结构，形成竞争性和稳定性相结合的经费分配与投入结构。同时，教育科技部门、科研资助机构、大学乃至企业科研部门在科研经费的使用过程中应当坚持诚信原则，提高活动经费的使用效益，避免谋求不正当利益的行为。

一方面，要形成以政府为主导，教育科技部门、科研资助机构、社会中介组织及高等院校乃至企业共同协作的学术诚信氛围，在良好学术氛围的熏染下，提升科学工作者的积极性和主动性。各成员主体单位要重视彼此之间的协调统一与沟通互动，加强彼此之间的合作与交流。在政府加强学术诚信的规范引导和统一协调下，教育科技部门要注重推进学术诚信教育并开展相应课程，科研资助机构也应当发挥积极作用并合理分配科技投入与支出，社会中介组织应当充分完善科技评价系统，大学作为学术成果的重要产出之地应严格把关学术成果质量，企业作为学术成果的应用之地应当将其投入合法的科学实践中。另一方面，政府引导各治理单位主体内部形成良好的自律氛围对加强学术治理也很重要。各成员主体单位内部加强诚信文化建设对于科研人员形成良好的工作态度也是非常重要的。科技教育部门、科研资助机构、大学、企业应当构建一套良好的道德约束机制，制定道德准则和学术诚信规范，并不断地推进学术活动透明化，加强彼此之间的学术交流与宣传合作，提高公众对学术活动的认知度和认可度，让社会中介组织更好地对学术科研活动进行监督，提出意见和建议。同时，应当重视对于学术不端行为的预防和惩处，形成具有自身特色的科研诚信制度，在部门内部建立一种严格自律的学术氛围。各成员单位主体应当在充分了解自己情况的基础上，进行讨论形成自身科研诚信规范，强化科研人员诚信观念。

第三节 社会第三部门的治理对策

一 优化文化环境

大学的基本作用是为社会培养人才，它所提倡的伦理规范、道德价值是社会政治、经济、文化的综合反映。大学诚信在一定程度上是大学组织及其成员以审慎的态度和批判的眼光对社会主流价值观念的选择、吸收和改造，与社会诚信文化在发展方向上基本趋同。大学组织及其成员的诚信道德主要体现在围绕高深知识展开的教学、科研等学术活动当中，组织及其成员的思想观念和行为习惯必然主动或被动地受到国家知识创新体系的影响和制约。笔者认为，大学诚信建设对文化环境的优化提出两方面的需求：一是坚持以社会主义核心价值体系为指导，加强社会主义诚信文化建设；二是推进国家知识创新体制改革，为实现文化创新创造有利条件。

二 发展社会主义诚信文化

在某种意义上，文化是制度内涵，制度则是文化的外在表现。社会诚信是大学诚信建设的依托，社会诚信制度的发展完善，要以诚信文化的繁荣为前提。大学诚信文化从属于社会诚信文化，其发展要受到社会诚信文化的影响和制约。

党的十七届六中全会通过了《中共中央关于深化文化体制改革推动社会主义文化大发展大繁荣若干重大问题的决定》，提出“社会主义核心价值体系是兴国之魂，是社会主义先进文化的精髓，决定着中国特色社会主义发展方向。必须把社会主义核心价值体系融入国民教育、精神文明建设和党的建设全过程，贯穿改革开放和社会主义现代化建设各领域，体现到精神文化产品创作生产传播方面，坚持用社会主义核心价值体系引领社会思潮，在全党全社会形成统一指导思想、共同理想信念、强大精神力量、基本道德规范”。社会主义核心价值体系是社会主义意识形态的本质表现，体现了社会主义主流价值观念，以社会主义核心价值体系为指导是发展社会主义诚信文化的前提和基础。具体而言，应从如下几方面着手发展社会主义诚信文化。首先，坚持以马克思主义为理论指导。诚信从本质上属于意识形态的范畴，诚信观念的形成与客观存在的社会生产关系密切相关。因而，引导人们形成与社会发展相适应的诚信价值观念，必然要求巩固社会主义的基本经济制度和民主政治制度，以实现广大人民群众的根本利益为宗旨，维护社会的公平和正义。其次，发展社会主义诚信文化要求体现和反映中国特色社会主义共同理想。理想犹如灯塔，为个体、组织及国家的发展指明航向，诚信文化建设应坚定并坚持“把我国建设成为富强、民主、文明、和谐的社会主义现代化国家”这一共同理想。以此团结民心、凝聚民力，充分发挥群众力量和集体智慧，自觉遵守诚信原则，广泛参与到诚信建设的过程当中。再次，发展社会主义诚信文化应体现以爱国主义为核心的民族精神和以改革创新为核心的时代精神。诚信文化的发展是历史的产物，它既是对传统文化的扬弃，也是在新的社会历史背景下对多元文化的吸收、借鉴、融合和创新。发展社会主义诚信文化，要吸收我国诚信文化的精华，尤其是儒家诚信伦理可资借鉴的思想、观点；同时，要结合中国改革开放的具体实际，推进已有诚信文化的创新与发展，建立符合现实社会需求的科学合理的社会主义诚信价值体系。最后，“以诚实守信为荣，以背信弃义为耻”是社会主义荣辱观的重要内容，党中央、国务院多次强调要加强以诚实守信为荣的道德建设，诚信在社会主义道德体系中居于举足轻重的地位。

2016 年 5 月 17 日，习近平总书记在北京主持召开哲学社会科学工作座谈会并发表了重要讲话，提出了在新的形势下，我国哲学社会科学地位更加重要、任务更加繁重。历史表明，社会大变革的时代，一定是哲学社会科学大发展的时代。当代中国正经历着我国历史上最为广泛而深刻的社会变革，也正在进行着人类历史上最为宏大而独特的实践创新。这种前无古人的伟大实践，必将给理论创造、学术繁荣提供强大动力和广阔空间。这是一个需要理论而且一定能够产生理论的时代，这是一个需要思想而且一定能够产生思想的时代。一切有理想、有抱负的哲学社会科学工作者都应该立时代之潮头、通古今之变化、发思想之先声，积极为党和人民述学立论、建言献策，担负起历史赋予的光荣使命。指出：广大哲学社会科学工作者要自觉坚持以马克思主义为指导，自觉把中国特色社会主义理论体系贯穿研究和教学全过程，转化为清醒的理论自觉、坚定的政治信念、科学的思维方法。2017 年 5 月 17 日，中共中央印发了《关于加快构建中国特色哲学社会科学的意见》进一步强调，坚持和发展中国特色社会主义，必须加快构建中国特色哲学社会科学。要高举中国特色社会主义伟大旗帜，深入贯彻习近平总书记系列重要讲话精神和治国理政新理念新思想新战略，坚持为人民服务、为社会主义服务，坚持百花齐放、百家争鸣，立足中国、借鉴国外，挖掘历史、把握当代，关怀人类、面向未来，充分体现继承性、民族性、原创性、时代性、系统性、专业性，创新发展哲学社会科学，为实现“两个一百年”奋斗目标、实现中华民族伟大复兴的中国梦提供强大思想理论支撑。要建设种类齐全、梯队衔接的哲学社会科学人才队伍。深化人才发展体制机制改革，规范完善职称评定制度、岗位聘用制度，以增加知识价值为导向，完善收入分配激励机制。推动形成崇尚精品、严谨治学、注重诚信、讲求责任的优良学风，营造风清气正、互学互鉴、积极向上的学术生态，教育引导哲学社会科学工作者树立良好学术道德，遵守学术规范。同时也指出了要加快构建中国特色哲学社会科学学术体系。扎根中国大地，突出时代特色，树立国际视野，继承和弘扬中华优秀传统文化，积极吸收借鉴国外有益的理论观点和学术成果，融通各种资源，不断推进知识创新、理论创新、方法创新，提升学术原创能力和水平，推动学术理论中国化。建立激发科研活力的体制机制，落实社会科学领域财政科研项目资金管理改革政策，统筹管理好重要人才、重要阵地、重大研究规划、重大研究项目、重大资金分配，加强学术共同体建设、哲学社会科学基础设施和信息化建设，鼓励社会资金通过捐赠、设立学术基金会等方式支持科研工作。构建具有自身特质的学术评价体系，坚持正确的学术导向，以学术质量、社会影响、实际效果为衡量标准，建立科研信用管理、评价结果公布等制度，建立健全分类评价机制，科学设置考核周期，引导教学研究人员潜心钻研、铸造精品。

社会主义核心价值体系为发展社会主义诚信文化指明了正确的方向，但实现诚信文化的发展还需要正视现时诚信文化存在的不足。我们应当趁文化大发展大繁荣之契机，积极采取措施，以社会公正的实现为基本价值诉求，实现诚信规则体系的创新，并以此为目标推进文化体制改革、创新文化产品，丰富人民群众的精神生活，引导人们主动地将外在的诚信道德规范内化为道德品质。长此以往，在先进文化的积累、演进和变革中，逐步实现人们思想观念工具理性和价值理性相融合，道义论与功利论相统一，为社会主义诚信文化创造良好的思想基础。

文化是大学的根本，渗透于教学、科研和社会服务的方方面面。大学是学者的社区，更是孕育未来学者的“摇篮”，担负着文化创新的作用。“问渠那得清如许，为有源头活水来”，加强大学自身的诚信建设是发展社会主义诚信文化的必然要求，为培养更多的诚信人才奠定组织基础，同时，充分利用大学的资源优势，开展关于社会主义诚信文化的相关研究，为诚信文化建设提供可资借鉴的理论依据。社会诚信文化对大学诚信文化的发展具有巨大的影响力和渗透力，大学组织并不是孤立封闭的系统，其边界在世俗化进程中不断延伸，乃至可以拥抱整个社会，大学组织及大学人在广泛的社会实践交往中生成与发展诚信精神，并践履其诚信行为。总之，发展社会诚信文化，是建设大学诚信对文化环境所提出的客观要求。

综上所述，大学诚信的生成与发展受到客观环境的影响和制约，政治、经济和文化环境优化是建设大学诚信的客观需求。在大学、政府和企业形成的组织间网络关系中，大学依赖企业的经济实力，获取科研经费和资金支持，依赖企业为其提供实验与实习基地、科技成果转化基地以及产品孵化基地。政府是社会生产与生活的组织者和领导者，大学依赖政府为其提供直接的资金支持，依赖政府为其发展提供适宜的政策环境与宏观指导，而政府和企业则希望借助大学的人才优势、科技优势和知识优势，获取优秀的人才支持、高质量的科技成果，从而推动社会政治、经济的协调发展。大学在与政府、企业的精神交往和实践交往中，孕育其诚信精神并践履诚信行为，使政府诚信、企业诚信与大学诚信互促共进、相辅相成，共同构筑良好的社会诚信机制。当然，无论社会组织诚信抑或个体诚信道德的养成，均要受到文化环境的影响和熏陶，优化文化环境能积极地推动和促进大学诚信建设进程。

三 发挥学术评价中介组织的作用

学术评价中介组织作为社会的第三部门，在学术诚信失范的治理问题上发挥着不可替代的作用。学术评价中介组织在学术不规范的治理中发挥的作用主要体现在以下几个方面：首先是加强诚信道德理念的宣传，引导科学工作者“现身说法”。开展各种形式的科学道德理论宣传教育活动，并在其中加入诚信道德教育，大力宣传诚信道德教育，扩大公众的感知度。同时，各相关部门应当组织各种形式的宣讲团，开展不同形式的文艺会演，丰富宣传的形式，让人们在活泼多样的宣传形式中更加深入地了解诚信道德的重要性与现实意义，从而达到弘扬学术道德的目的。其次是挖掘科学文化的多重功能，提升学术诚信发展的影响力。因为科学研究的产出品是具有双重性的，即产出品是科研物质产品和精神产品的结合，并不是单一的某一类产品。那么中介组织就要以宣扬诚信道德为己任，积极传播科学理念和文化，充分发挥引导功能，积极配合开展各种形式的诚信道德宣传教育活动，启迪公众智慧，播撒诚信道德的种子。最后是以点带面，注重发挥典型模范的示范带头作用。好的模范典型能起到标杆的作用，使其他的科研工作者产生前进的动力，也有利于激励更多的年轻工作者继续努力，追求更大的进步。那些伟大的为人类事业做出巨大贡献的科学家也将被历史所铭记，被世人所称赞。爱因斯坦称赞居里夫人是伟大的科学家，李政道评价吴健雄为人类事业发展做出了巨大的贡献，同时，他们都认为被评价者的高尚品格对世人产生了重要的影响，这些品格价值连同他们在科学界做出的成就一起，被世人所记忆。例如，许多老一辈科学家不仅在科学学术界做出了巨大的贡献，同时也是道德上的典范和值得学习的对象。钱学森作为为中国做出巨大贡献的科学家，他所表现出来的崇高的道德品质和精神都是值得世人学习的典范，也被世人所敬仰。还有王淦昌先生，他对事业所表现出来的那种责任心和毅力也不得不让人佩服，常年在荒漠上从事科学研究工作，为祖国的科学事业奉献出自己的青春和热血。同时，“两弹一星”精神中也蕴含着崇高的道德感，老一辈科学工作者以身作则，以强烈的责任感和使命感给年青一代的科学工作者树立榜样，发挥着他们的带头作用，以自己的实际行动来教育年青一代诚信道德是开展科学工作中不可缺少的重要品质。因此，在社会中介组织宣传和推广诚信道德建设的同时，应该充分运用典型事例，大力宣传他们的感人事迹，用真实的事例去打动群众感染群众。另外，在进行宣传的过程中，应当注重精英典型和平民典型的结合，使群众感受到诚信道德并不是专属于某一工作领域才应该具有的品质，而是应该在全社会各行各业、各个领域都应该具备的品质。这样，群众一方面能感受到个别优秀典型所带给他们的惊心震撼；另一方面，他们也能从生活小事和周边人群中发现诚信道德的优秀典型，了解诚信道德对于社会发展和文明进步的重要意义。

由于学术中介组织担负着第三方学术评价的重任，其自身的诚信度对其学术评价声誉至关重要。尤其如南京大学 CSSCI 评价中心等国内重要的学术评价机构，其学术评价结果被视为国内标杆，更应重视其学术声誉，致力于成为学术诚信的“排头兵”，为此，学术评价机构要从以下三个方面加强学术诚信治理，提升学术诚信水平，为大学学术研究作出表率。首先，建立公开、公平、公正的学术评价机制。学术评价架构应建立一套公平合理的学术评价机制，成立学术诚信委员会，并对学术界及社会公开，接受全面的监督。学术评价机构应该采取回避制度，所遴选的学术专家应与学术成果或学术期刊的评价无直接利益关系。学术中介机构评价的过程与结果均应采取公示制度，接受全社会监督，对存在问题或争议的学术成果应认真复查。其次，学术评价机构应完善学术评价公示制度。目前的学术评价结果，仅仅在评价完毕后才予以公布。为确保学术评价的诚信，应建立评价前、评价中、评价后的公示制度。评价前公示是公布评价指标体系，评价内容，参与评价的专家与学术背景，将参与学术评价的研究成果或学术期刊予以公示，以确保参与评价的研究成果来源可靠，同时，参与评价的学术成果或学术期刊均应发布学术诚信声明，对参与评价承担学术诚信责任。在评价过程中，评价机构要声明整个评价程序规范，评价过程公开，并引入媒体进行监督。评价后的公示除公布评价结果外，还应公布评价过程，接受社会的全面监督。最后，完善学术中介组织的自身诚信规范。学术中介组织不仅要监管好学术评价的过程，确保学术评价的诚信，还应该加强自身的学术诚信治理。学术中介机构应以致力于维护自身的学术声誉为根本，在学术评价过程中不参与接受评价单位的请托与利益输送，以学术的高标准为评价准绳。

四　重视学术成果运用单位的反馈

学术诚信失范现象猖獗的一个重要因素是缺乏健全的成果运用单位的反馈评价机制，搞学术不规范代价极低，获利又极大。现在，成果运用单位可以通过互联网进行揭露，并能引起国内媒体的关注，总算有一点舆论监督。但是，即使被揭露出来，学术不规范分子也几乎毫发无损。在学术活动密集的协会、科研机构和大学，学术成果运用单位在鼓励支持其科研人员进行诚信学术研究的同时，也应当建立一定的学术评价机构，完善学术评价相关法制规定。

学术成果应用单位一般为政府或者企业，由于学术成果应用将对相关单位的发展带来一定的影响，因此，学术研究单位应该重视成果应用单位的反馈意见，从开题立项、中评估、结题评审三个环节加强对学术成果应用单位的反馈。首先是开题立项的反馈。课题立项环节应重视课题应用成果单位针对研究内容及研究目标的反馈，研究内容应符合委托单位的实际，避免课题研究内容的雷同与抄袭。其次是中评估环节的反馈。中评估环节的反馈应注重评审专家对已完成研究成果、研究方法、进一步的研究计划的反馈意见。确保研究成果的真实性，研究方法的可靠性，进一步研究计划的可行性。最后是结题评审环节的反馈。结题评审环节要注意评审专家对研究成果质量的反馈，确保研究的核心内容与重要研究成果为原创，无抄袭剽窃行为。

五　实现学术公益组织及个人和新闻媒体的监督

当今社会，随着经济社会的发展，我国的科学事业也飞快发展，国家也进入了大科学时代，我们投入越来越多的资源到科学与学术领域，科学事业的发展一方面是为祖国的科学发展在努力，另一方面人民也是科学事业发展的客体，他们有权利也有义务对科学事业进行监督。但是，如何进行更有效的监督呢？这就要求我们充分运用公益组织以及社会和个人的力量，充分利用数字媒体的强大传播力，来实现对科研工作和科研工作者的有效监督，及时曝光那些不端的科研学术行为，纯洁学术氛围。

提高科学研究活动的透明度是学术诚信建设的一个重要方面，这有利于更好地实现社会公益组织以及个人对科研活动的监督。除去涉密研究，在其他研究活动中如果努力提高其透明度的话，就能更好地实现公益组织以及个人监督，公众也会对科研的具体情况有更多的了解。但是，如果对过多的科研内容保持神秘性，不向群众开放和公开，就不利于实现有效的群众监督，也会滋生一些不道德腐败的现象，这样也会阻碍科研活动有序推进。因此，我们建议除了一些非常重要的信息应当做适度的保密处理，其余大部分的信息都应该向外界公布，同时应当做好机构内部的公示工作，或者可能通过互联网向公众公布和宣示。如此一来，扩大了其宣传渠道和途径，群众也能通过多种方式和渠道了解科研活动信息，也能做到适时监督，及时监督，合理监督，双向互动推动科研活动协调有序发展。另外，将科研活动具体情况公之于众，也有利于实现对科研工作者的监督，科研活动不再是无约束的恣意任行，而是必须在考虑公众监督角度上的合理量化。与此同时，社会各界媒体对于科研行为的宣传与报道会使科研诚信进入公众认知，无行中就给科研人员增添了一种压力，促使他们在开始科研工作中保持诚信，树立良好的诚信道德，这样就能更好地实现我国诚信道德建设，促进我国科学诚信与文明的发展。

另外，要充分发挥媒体在监督学术失范行为中的积极作用，同时一旦学术失范事件经过查证属实，通过媒体在一定的范围内公布，这种做法对科研学术活动的监督批评和威慑能起到一定的积极作用。我国应尽快建立专门的学术打假机构等公益性组织，科学、客观、实事求是地认定学术失范行为，科学地对学术活动进行监管，并通过报刊、网络等媒体进行曝光，目前已有一些民间团体或个人从事着学术打假活动，也越来越受到社会的关注，这些学术打假活动应该受到政府和学术界的重视。当前，打击学术道德失范尤其要出重拳，让肇事者付出沉重代价，使其在学界无立足之地，并追究相关人员及其领导的连带责任，确立法治的威慑力量，使想搞学术失范者不敢轻举妄动。

六　其他科研利益相关者及社会公众参与的治理对策

根据利益相关者理论观点，学术研究不仅仅是学人个体的行为，而是一种关乎多方利益的社会行为。学术不端行为不仅仅是科研工作者自身的道德缺失问题，更是直接或间接关系到相关利益方的各种利益关系。因此，对学术不端的治理也可以由相关利益方共同参与来完成。那么建设科研诚信机制，不仅依赖于科学共同体自身的内部构建与内部监督，同时也依赖于企业科研利益相关者、个人以及社会的多形式的激励、监督与配合。打开公众监督的渠道，使公众能够更深入地了解到科研活动的内部信息，从而发现科研活动存在的问题，并产生一定的质疑，这样，科研人员可以通过合理的回应来解释这些质疑，加强了与公众的沟通了解，同时也让公众更加了解科研活动的不容易，让科研活动的有效性得到公众的认可。同时，当科研机构公布科研结果的时候，公众也参与其中，参与讨论会议并提出自己的看法，这样就可以有效地减少科研活动过程中人为性因素可能产生的漏洞，使科研活动更具有科学性和实效性，提升科研活动的科学性和实用性，更好地造福于公众。公众积极参与到科研活动的监督之中，会激励科研人员更加规范和合理地开展科学研究，创新科学管理模式，细化科研部门职责，推动科研活动有序进行。另外，加强对科研活动的舆论监督，激励科研工作者采用更加合理的标准开展科学研究，改善科研机构的内部治理机制，推动实现科研机构自身的合理有效管理，最终促进诚信道德体系的构建。

第一，加强公众对科研人员的监督。科学工作者在开展科学研究工作时，往往要经历这样一些阶段：“最初是要有事实基础……然后依托这些事实提出猜想或假想，从而探索这些事实的个别特性。假说的证明需要通过科学的实验，如果实验能证明这个假说并不成立那就更好了。正如科学方法所强调的那样，通过实验去检验假说，然后在此基础上形成想法，之后再加以反复检验，由此构成科学研究的重要组成部分。”① 有人提出异议，这其中甚至包括部分科研工作者，他们认为，公众并不能对科学研究进行有效监督，缺少合法性，公众只能对一些外部因素（诸如科学研究的后果、影响科研的外部因素及科学研究的价值）进行监督，而涉及具体的研究事实、判断过程与推理程序，他们并不能完成，这需要专业的科研工作者进行监督，只有他们才具备专业监督的实力，他们的监督结果也才更具有说服力和价值。但是，这一看法存在一定的片面性。首先，公众监督科学研究，可以对科学“事实”提出质疑性观点，使其更加透明。虽然公众缺少一定的专业知识，但是他们可以在自己已有的基础上提出质疑和自身观点，对进一步充实研究内容也是有积极意义的。针对公众提出的质疑，研究人员要进行仔细推敲，重视公众提出的质疑，并提出证据回应公众的质疑，来证明自己研究结果的真实性和可靠性。显然，相关主管部门会高度重视公众提出的质疑，特别是那些合理的质疑，他们会要求相关部门进行调查研究，确证研究事实是否真实可信，要求他们公布调查结果。虽然许多专业性较强的科学事实仍然需要同行研究者的协助调查，但是不可否认的是，公众对于科学事实的监督和合理质疑对于推进科学研究的有序发展具有重要的意义。② 其次，公众监督还可以通过监督研究过程的逻辑推进实现。正如前面提到的那样，客观性和逻辑性是科学研究的两大特性。科学研究主要包括五大过程，它们分别是最早的文献查阅，通过阅读大量文献进行大量的资料收集，然后提出研究假设，并通过设计实验方案开展实验从而得出研究结果。在这一过程中，公众通过观察可以发现科学研究过程中存在的问题，提出质疑，“那些高素质的具有专业眼光的公众，虽然缺少

---

① ［美］威廉·布罗德、尼古拉斯·韦德：《背叛真理的人们》，朱进宁、方玉珍译，上海科技教育出版社 2004 年版，第 5 页。

② 董建龙、任洪波：《国外加强科研诚信建设的经验与启示》，《中国科学基金》2007 年第 4 期。

科学研究的一线经验，但是他们独到的眼光和对于真理的执着追求，仍然非常值得重视”。①

第二，加强公众对同行评议专家的监督。同行评议制作为科学共同体内的重要机制，对于保证科学研究的真实性和纯洁性具有重要的作用，它需要同行专家坚持公正性和客观性，以客观理性的标准来评议研究内容、研究成果及研究方案等。但是，在评价的过程中，业界专家也容易受到利益、学术界光环效应和个人喜好等因素的影响，从而做出不客观的评价。但是，公众具有价值上的中立性和情感上的中立性，他们更容易发现评议过程中不客观的部分。公众对他们有异议的评议程序或者结论进行监督，往往可以通过媒体或者网络等媒介来发表自己的看法和意见，从而实现良好的公众监督，也可以对公示的专家、获奖者或者基金项目进行监督。公众监督可以有效弥补同行评议的缺陷，对于监督同行评议科研人员的职业道德规范也有一定的积极作用。这种监督方式，“一方面可以形成警诫效应，另一方面也有利于使那些学术不端者现出原形，使那些受到不公平待遇的科研工作者沉冤得雪；这种双向的舆论监督方式，在某种程度上可以完善机构部门的体制机制，为科研院所营造一种良好的积极向上的风气”。②

第三，加强公众对科研管理人员（科研活动组织者）的监督。正如前面所提到的那样，在科研工作中，要求每个人都坚持踏实严谨、科学诚信的行为并不容易。由于利益的驱使，科研机构的管理人员往往也会做出一些违背原则和底线的事情，出现投机行为。公众利用媒体或者网络进行监督，是完善科研机构评价体系的重要举措，有利于及时向公众公布科研进展和具体情况，督促科研管理中不规范的行为进行整改；公众的有效监督，有利于改进机构管理体系与模式，监督科研机构资源的分配与调适，对部分科研机构管理者形成一定的约束力；科研管理活动在公众的有效监督下，有利于提升部门信息公开的

---

① 杨光飞：《“公众评议”之于科学研究的功能》，《自然辩证法研究》2007 年第 6 期。

② 同上。

力度和广度，加强对部门人员的管理；公众监督有利于形成强大的社会压力，有利于推进机构对科研活动的重新审查与评估，也有利于惩处部分科研人员的学术不端行为。公众可以利用媒体强有力的优势，来宣传和揭露科研学术不端行为，净化学术氛围，营造良好的学术空间。

第八章　结论

学术诚信问题是20世纪80年代以来，特别是近年来出现的全球性的备受关注的问题，也是学术界内部、社会各界以及政府非常重视的问题之一。学术诚信问题直接关系到科研事业自身的良性运转及其纯洁性，它也关系到学术事业在社会各界受到的尊重与认同。在中国，学术不规范问题的解决还关系到学术资源的科学分配利用以及国家科研实力的发展壮大。从学术诚信问题的产生范围来看，学术诚信涉及科学知识的生产、传播和应用几大领域，本书探讨的学术诚信问题不但涉及科学知识的生产领域，也同时涉及科学知识的传播以及应用领域。

学术不规范行为是一个全球性的公共问题。本书紧紧围绕学术不规范的表现形式、危害、影响因素以及学术诚信治理这几大问题逐一层层展开。在理论基础中笔者挑选了几个理论作为本书的理论基础框架，即利益相关者理论、多中心治理理论、委托—代理理论、“经济人”假设理论、制度变迁理论等。以这些理论作为本书的研究基础，把学术不规范治理问题化为德治、法治、科研工作者自主治理与全球治理的统一，从而构建起学术诚信建设框架，从大学内部层面治理、政府层面、科研部门层面、社会层面以及第三方部门等方面探讨学术诚信治理的出路。基本上围绕着这样的一个研究思路：先是通过归因法找到学术不规范的成因，再把问题的焦点集中在治理上，即如何遏制学术不规范行为。

本书首先对学术诚信的概念内涵、学术不规范的表现形式、危害等基本理论问题进行了探讨，在对学术不规范的表现形式进行梳理的基础上，剖析了学术诚信问题产生的原因，其次提出了学术诚信的治理对策，特别是在借鉴发达国家的学术诚信建设的实践经验基础上，对学术诚信的治理进行了细致入微的剖析。最后，针对在目前中国学术诚信建设过程中存在的具体问题，提出后续进一步研究的方向。

但是，在日新月异的知识经济时代，由于科学发展的日益快速和复杂化，特别是由于世界每个国家的具有差异化的国情和历史文化传统，学术诚信问题也就呈现出不同的特征；特别需要指出的是，学术知识在中国传播、应用的独特历史发展过程中，中国当前的学术管理中的某些独特性质，以及植根于中国传统文化土壤之中的学术文化的某些特质，也就在一定程度上决定了中国学术诚信建设以及治理的推进与完善还要经历一个相当漫长的过程，许多问题的深入研究有待进一步展望。因此，学术诚信问题的研究是一个知识综合性很强的具有历史性的复杂问题，也是一个任务艰巨的漫长的系统工程，不仅需要在理论层面上进行合理构思和深层次的探索，还需要在学术诚信失范问题治理不断发展的实践和实证研究中进行大胆和大量的探索与创新。

根据这样的分析思路，本书得出了以下几点结论：

一　大学学术不规范的综合治理需要以德治学与以法治学相结合

笔者研究指出，要从根本上杜绝大学科研工作者学术失范问题，必须坚持以德治学和以法治学相结合统一。所谓以法治学，指的是科研工作者必须严格遵守学术规范，按照学术规范要求来从事自己的学术活动。所谓以德治学，指的是加强科研工作者学术道德的重要性。目前最为重要的一项任务就是要加强学者的职业道德和学术伦理建设，持之以恒地在科研工作者中进行常规的学术道德伦理教育，以使每个科研工作者都能牢固树立起道德自律意识，实现中国的德治与西方法治的结合与统一。现代社会已经迈进一个讲求法治的社会，至少也是一个以法治为主导的社会。但这种法治应当根据中国的实际国情，继承中国德治传统的合理内核，同时借鉴西方发达国家的法治因素和经验。建立一个符合中国国情、国法以及伦理道德的学术管理机制。这种综合性的学术管理机制的内容的主要表现就是客体与主体、身与心、法与刑的有机结合。西方的法治主要强调治理外化的行为，而中国的德治强调的是从观念上内化。西方的法治具有原则性及效用性，但深度不够；德治强调的治心，具有一定的灵活性和延续性，容易体现深度，但是也容易丧失原则和规矩方寸，模糊性较大。只有将德治与法治结合起来，才能从根本上有效治理学术诚信失范行为。从本质上说，制度一般都具有强制性和执行力，道德具有理想性和非约束性，缺乏制度的保证，道德调节只会显得“苍白无力”，而缺乏道德调节，学术不规范行为的治理将丧失其理想价值而缺乏应有的深度和力度。只有将德治与法治相统一，才能达到广度与深度、效用性与理想性的统一。从主体上来说，学术管理要使科研工作者不仅成为规范的客体，而且要成为行动的主体；不仅要消极约束，而且要积极活动。在现实的学术实践活动中，这种德治与法治、治心与治身、客体与主体的相互结合统一，就是要对学术不规范行为进行综合整治，形成一种既有广度又有深度，既有效用性又有理想性，既有客观性又有能动性的学术管理体系。

二　科研工作者需要道德驱动与制度化相统一的自律

自律行为的背后有着不同的行为因素。在遇到红灯亮时主动停车或者止步是值得让人称道的自律行为。这种行为既有可能是一种下意识的行为反应，也有可能是基于一种自觉的守法行为意识、责任意识或者公德心，还有可能是畏惧可能出现的惩罚，或者是由前面几种力量综合起来的作用效果。所以，自律背后具有多样化的力量支撑。科研工作者的道德驱动自律是以事业心、责任感、公德心、人生价值理想、学术价值观、学术责任与社会责任为基石的一种自律。与道德驱动的自律不同的是，制度化自律是在多重约束的情况下，在行为主体与外部环境长期互动的过程中形成的一种潜意识的自律。在新制度主义看来，道德也可以看作制度的一个组成部分，属非正式制度。因此，制度化和道德并不是相排斥的。然而，制度化自律强调的是正式制度与非正式制度构建起来的系统的约束。完善的学术管理制度不仅要明示学术诚信失范行为可能面临的高风险，而且会提高学术诚信失范行为“曝光”的概率。学术竞争环境的出现，在于迫使行为主体要把信誉看作生命一样重要。从人性和自律形成的过程来看，当经常化、严密化的外力约束下的行为产生惯性并最终成为行为主体的“下意识”或“自然反应”或习惯时，例如见到红灯亮就能主动停车或者止步，此时他律就转化为自律，达到自律与他律的有机结合与统一。然而，在我国历来就是一个非常重视德治的国家，在法治方面不是特别受重视，学术界是如此，政界也是如此，大抵都如此。因此，本书所得出的结论是，针对高等院校科研工作者学术诚信失范的治理的核心是摆脱对道德驱动自律的过分依赖，实现制度化自律以构建学术制度文化环境氛围。而制度化自律离不开科研学术制度的建立和完善，这就是本书为什么把学术诚信治理的重心放在学术管理制度的建设和完善上来。

三　学术不规范问题的解决依靠社会环境的净化

中共中央印发的《关于加快构建中国特色哲学社会科学的意见》强调，要加强和改善党对哲学社会科学工作的领导。各级党委（党组）要把哲学社会科学工作摆在重要位置，加强政治领导和工作指导，及时解决实际问题。统筹推进各类智库协调发展，大力提高智库建设水平。领导干部要以科学的态度对待哲学社会科学，尊重哲学社会科学工作者的辛勤付出和研究成果，主动同专家学者打交道、交朋友，认真贯彻党的知识分子政策，加强对哲学社会科学优秀人才的使用。加强相关领域立法，加大宣传力度，营造尊重学术、尊重人才、崇尚科学、追求真理的良好氛围。本书不赞成“环境决定论”，但环境对人的影响也是不容小觑的。由于科学与社会、人与社会都是一个互动的有机联合体，是一种互动的关系，社会的不良环境及不良影响随时都会对学术环境产生作用和影响。社会环境如果没有一个诚信的环境，如果没有得到净化，那么学术诚信失范行为的解决就是“空中楼阁”，一句空话而已。因此，学术诚信失范的治理与社会环境的治理是一个同步的过程。

本书的研究主要侧重于理论分析层面的探索。由于笔者缺乏学术管理的工作经验，加之学术不规范问题是一个敏感的问题，也不方便大量调查。因此，无论在广度上还是在深度上都没有达到预期的效果。故笔者衷心希望有志于科学社会学、高等教育学研究的学者对此问题做进一步深入的调查研究。应加以说明的是，尽管本书对学术不规范行为表现以及成因和学术不规范的治理进行了比较系统的梳理，但因本人才疏学浅，功底不深厚，无论是学术不规范表现形式的挖掘，还是学术不规范治理的措施，可谓挂一漏万。而且还存在许多尚未解决的问题，例如教学学术不规范问题、科学自治问题、有关科学法律法规的制定问题、全球治理学术不规范问题等，由于篇幅有限和时间上的原因，都没有做进一步的详细探讨。

附　录

附录1　大学科研工作者学术诚信反应问卷（个人观点）

你好，为了较全面地了解大学科研工作者（含研究生和大学教师）学术诚信的现状及其原因，我们制定了这份调查问卷。本次调查实行无记名方式，你提供的问卷只用于统计分析。你的回答对我们得出正确的研究结论很重要，希望能够得到你的支持。（请你在相应的答案上打"√"）

一　调查对象基本情况

1. 你的性别（　）

A. 男　　　　B. 女

2. 你的学位（　）

A. 硕士　　　　B. 博士　　　　C. 博士后

3. 你的年龄（　）

A. 20—30 岁　　　　B. 30—40 岁

C. 40—50 岁　　　　D. 50 岁以上

二　大学教师和研究生对学术不规范的认知状况

1. 你自己在课程论文和研究论文中，是否有过抄袭、篡改或者伪造数据等学术不端行为？（　）

A. 有　　　　B. 没有

2. 你身边的同学和导师是否有过抄袭、篡改或者伪造数据等学术不端行为？（　）

A. 有　　　　B. 没有

3. 你认为科技界学术不端行为程度如何？（　）

A. 很普遍　　　　B. 有，但不多

C. 偶尔出现　　　　D. 不知道

4. 你是否了解科技部、大学和教育部有关学术诚信的行政规定？

（ ）

A. 了解　　　　　　　　B. 不了解

5. 以下十种情况，请判断是否属于学术不端行为。

（1）为了使实证研究数据更“完美”，修改部分数据（ ）

A. 是学术不端行为　　　　B. 不是学术不端行为

（2）引用自己已发表的论文不注明出处（ ）

A. 是学术不端行为　　　　B. 不是学术不端行为

（3）引用他人的文字、数据和图表而不注明出处（ ）

A. 是学术不端行为　　　　B. 不是学术不端行为

（4）未经他人同意，在将发表的论文中署他人的名字（ ）

A. 是学术不端行为　　　　B. 不是学术不端行为

（5）不当使用科研经费（ ）

A. 是学术不端行为　　　　B. 不是学术不端行为

（6）为了尽快开展一项学术研究，不告诉参与者该研究的完整信息（ ）

A. 是学术不端行为　　　　B. 不是学术不端行为

（7）将未阅读的文章加入参考资料或者注释中（ ）

A. 是学术不端行为　　　　B. 不是学术不端行为

（8）为了尽快发表，将论文同时寄给多个刊物（ ）

A. 是学术不端行为　　　　B. 不是学术不端行为

（9）不完好地保存实证数据的原始记录（ ）

A. 是学术不端行为　　　　B. 不是学术不端行为

（10）拒绝与课题组成员共享数据（ ）

A. 是学术不端行为　　　　B. 不是学术不端行

6. 您是否听过有关学术诚信的讲座或课程？（ ）

A. 听过相关讲座或课程　B. 没有听过相关讲座或课程

三　大学科研工作者对一般情境下学术不端行为的态度

1. 侵占、抄袭、剽窃他人学术成果（ ）

A. 可以接受　　　　　　B. 无所谓　　　　　　C. 坚决反对

2. 请他人代写文章（ ）

A. 可以接受　　　　　　B. 无所谓　　　　　　C. 坚决反对

3. 篡改伪造研究数据（　）

A. 可以接受　　　　　　B. 无所谓　　　　　　C. 坚决反对

4. 在未参与工作的科研成果中署名（　）

A. 可以接受　　　　　　B. 无所谓　　　　　　C. 坚决反对

5. 在考试中作弊（　）

A. 可以接受　　　　　　B. 无所谓　　　　　　C. 坚决反对

四　大学科研工作者对特定情境下学术不规范行为的态度

1. 有人为了能够顺利发表自己的论文，把并没有指导该论文的导师列为共同作者，你的态度如何？（　）

A. 反感，也不做　　　　B. 反感，但无奈

C. 大多数人如此，无所谓

2. 如果你发现有人引用了你的成果而没有注明出自你的研究，你的态度是什么？（　）

A. 反感，追究剽窃者责任

B. 反感，但无奈

C. 只要对我没有损害，无所谓

D. 需要看事情的程度而定

3. 如果你的同学、同事、导师或者领导有不端行为，你是否会举报？（　）

A. 举报　　　　　　　　B. 不举报

C. 不好说、不知道、看程度、看情况而定

4. 不愿意举报学术不端行为的主要原因是（　）

A. 不涉及自己的利益无所谓

B. 抹不开情面

C. 来自导师或领导的压力

D. 不知如何举报，不知道渠道

五　学术诚信缺失治理的调查

1. 对学术诚信缺失治理的方式可以采取（　）

A. 开展诚信学术教育　　B. 制定相应规章制度

C. 提高民族整体素质　　　D. 建立个人诚信档案

E. 依靠舆论监督

附录2　对学术不端行为的影响因素调查

一　诚信教育的作用与影响

1. 你对大学的诚信教育总体评价是（　）

A. 不重视，效果差　　　B. 重视，但效果空泛

C. 重视，效果好

2. 大学诚信教育对学术诚信的影响主要体现在（　）

A. 树立良好的学术诚信观

B. 树立耻感文化，抵制学术不端

C. 形成强烈的诚信心理暗示

3. 你认为如何促进大学诚信教育？（　）

A. 增加诚信教育的频次与数量

B. 采用讲座等多种方式促进诚信教育

C. 建立健全促进诚信教育的机制

二　学术考核标准的作用与影响

1. 你对现有学术考核标准的总体看法是（　）

A. 不合理　　　B. 合理

2. 你认为现有学术考核标准的弊端是（　）

A. 重视数量，不重质量

B. 功利性过强，助长学术不端与腐败

C. 积重难返，急需改革

3. 你认为学术考核标准如何确定更合理？（　）

A. 增加第三方学术评价机构的评价权重

B. 引入校外评价制度

C. 废除强制发表论文的规定

三 学术考核方式的影响

1. 你对现有学术考核方式的总体看法是（ ）

A. 不合理　　B. 合理

2. 你认为现有学术考核方式存在的问题是（ ）

A. 注重结果，不注重过程

B. 缺乏对科研失败的宽容

C. “一刀切”，没有考虑不同学科的特点

3. 你认为学术考核方式如何改进？（ ）

A. 允许失败　　B. 不以论文数量为考核的基础

C. 采取校内与校外结合的多元学术评价方式

四 学术科研管理方式的影响

1. 你对现有学术科研管理的总体看法是（ ）

A. 重经费管理，轻研究管理

B. 计划体制色彩仍然浓厚

C. 符合现有中国国情

2. 你认为现有学术考核方式存在的问题是（ ）

A. 重视流程管理，对整个过程的管理不足

B. 立项与结题匆忙，很难检验学术成果

C. 外行管理内行，流于形式

五 自身因素的影响

1. 从自身因素看，学术不端行为的养成可能受到哪些方面的影响？（ ）

A. 家庭　　B. 学校　　C. 社会

2. 个人应采取哪些方式树立良好的学术诚信观？（ ）

A. 树立正确的学术诚信观

B. 自觉抵制与举报学术不端行为

C. 在自身的科研活动中践行学术诚信原则

六 社会风气的影响

1. 你认为社会风气对学术诚信缺失的影响主要体现在（ ）

A. 社会风气整体浮躁，使学者也产生急于求成的心理

B. 社会的投机心理使部分学者为学术成果不惜采取一切手段

C. 社会的攀比心理使学术不端成为必然

2. 消除不良社会风气对学术诚信观影响的方式有（ ）

A. 采取更加合理的科研考核方式

B. 给予恪守学术道德的科研人员必要的奖励

C. 健全对学术不端行为的惩罚机制与打击力度

附录3 大学科研工作者学术诚信失范访谈提纲

（1）请你谈谈对学术诚信的认识。

（2）你认为学术不端有哪些表现形式？有哪些危害？针对学术不端行为的治理是否合理？

（3）你认为对造成学术不端行为发生的因素有哪些？你是否会举报学术不端行为？

（4）你认为学术诚信缺失如何治理？对现有的治理措施如何评价？

参考文献

一 著作类

[1] 张汝伦:《激情的思想:第三代学人自选集》,山东教育出版社1999年版。

[2] 傅静:《科技伦理学》,西南财经大学出版社2002年版。

[3] 别敦荣:《中美大学学术管理》,华中理工大学出版社2000年版。

[4] 薛天祥:《高等教育管理学》,广西师范大学出版社2001年版。

[5] 姚启和:《高等教育管理学》,华中理工大学出版社2000年版。

[6] [英] 约翰·S. 布鲁贝克:《高等教育哲学》,王承绪等译,浙江教育出版社2001年版。

[7] [英] J. D. 贝尔纳:《科学的社会功能》,陈体芳译,商务印书馆1982年版。

[8] 徐纪敏:《科学学纲要》,湖南人民出版社1986年版。

[9] 吴洪芹等:《如何选择最佳行为——行为哲学》,农村读物出版社1990年版。

[10] [德] 马克斯·韦伯:《学术生涯与政治生涯——对大学生的两篇演讲》,王容芬译,国际文化出版公司1988年版。

[11] [俄] 赫尔岑:《科学中华而不实的作风》,李原译,商务印书馆1997年版。

[12] [日] 西田几多朗:《善的研究》,何倩译,商务印书馆1997年版。

[13] [法] 彭加勒:《最后的沉思》,李醒民译,商务印书馆1997年版。

[14] [以色列] 约瑟夫·本—戴维:《科学家在社会中的角色》，赵佳苓译，四川人民出版社 1988 年版。

[15] 尹继佐:《中国学术思潮兴衰论》，上海社会科学出版社 2001 年版。

[16] 梁启超:《清代学术概论》，上海古籍出版社 1988 年版。

[17] 梁启超:《论中国学术思想变迁之大势》，上海古籍出版社 1998 年版。

[18] 中国社会科学杂志社:《社会科学与公共政策》，社会科学文献出版社 2000 年版。

[19] 郑祥福:《科学的精神：当代西方科学哲学中的认识论问题研究》，生活·读书·新知三联书店 2000 年版。

[20] 徐友渔:《告别 20 世纪：对意义和理想的思考》，山东教育出版社 1999 年版。

[21] 周寄中:《"科学—社会学"：人类两大体系的交叉》，中国科技大学出版社 1991 年版。

[22] [美] 伯顿·克拉克:《探究的场所——现代大学的科研和研究生教育》，王承绪译，浙江教育出版社 2001 年版。

[23] 王宋常:《20 世纪的中国，学术与社会》，山东人民出版社 2001 年版。

二　论文类

[1] 李硕豪、姚启和:《关于大学学术风气的理论探讨》，《上海高教研究》1997 年第 6 期。

[2] 沈红:《一流大学的学术目标研究》，《清华大学教育研究》1995 年第 1 期。

[3] 贾永堂:《论高水平理工大学的学术目标》，《高等教育研究》1996 年第 2 期。

[4] 肖海涛:《论大学的学术责任与学术自由》，《高等教育研究》2000 年第 6 期。

[5] 宋秋容:《学术自由与学术责任》，《山东科技大学学报》(社会科学版) 2000 年第 2 期。

[6] 史玉明：《论科学活动中的越轨行为》，《科学管理研究》1994年第2期。
[7] 张九庆：《科研越轨及其社会控制》，《科技导报》2002年第4期。
[8] 李红芳：《近年科学越轨问题研究评述》，《科技导报》2000年第3期。
[9] 盛华根：《论科学活动中越轨行为的界定与分类》，《自然辩证法研究》2001年第10期。
[10] 杨隽：《社会转型期的越轨行为和社会调控》，《武警学院学报》2001年第2期。
[11] 熊万胜：《科学活动中越轨行为的动因分析》，《科学技术与辩证法》1997年第3期。
[12] 张锡忠：《高校优秀科研成果评审中的越轨与控制》，《聊城师范学院学报》1984年第3期。
[13] 徐建红：《科技奖励中的越轨及其控制》，《科技与法》1994年第2期。
[14] 吕耀怀：《失范、越轨与失序》，《长沙电力学院学报》1999年第2期。
[15] 雷洪：《集体越轨——中国隐性社会问题之一》，《江汉论坛》1998年第4期。
[16] 郑友德：《美国对科学家越轨行为的防范及其措施》，《科技与法律》1996年第2期。
[17] 吴发科：《道德的表象内化、表征外显与道德教育》，《华南师范大学学报》（社会科学版）2001年第1期。
[18] 易法建：《论道德内化》，《长沙电力学院学报》1998年第2期。
[19] 单子：《关于内化》，《教育科学研究》2002年第6期。
[20] 李迪：《清代盗名盗版算书几例》，《自然辩证法研究》2003年第7期。
[21] 刘爱玲：《科技奖励活动中越轨现象探因》，《科学学研究》

1997 年第 3 期。
[22] 李成旺：《主体的解放：道德自律的前提和基础》，《宁夏党校学报》2000 年第 1 期。
[23] 苏令银：《道德自律：转型期社会秩序的最高实现形式》，《现代哲学》2000 年第 4 期。
[24] 宁新昌：《论儒家的道德自律及其意义》，《现代哲学》1999 年第 2 期。
[25] 胡逢祥：《“五四”开创的现代学术传统》，《探索与争鸣》1999 年第 2 期。
[26] 杜时忠：《制度德性与制度德育》，《教育研究与实验》2002 年第 1 期。
[27] 方军：《制度伦理与制度创新》，《中国社会科学》1997 年第 3 期。
[28] 潘懋元：《走向社会中心的大学需要建设现代制度》，《现代大学教育》2001 年第 1 期。
[29] 任士英：《惩治学术不规范应纳入立法轨道》，《学术界》2002 年第 1 期。
[30] 崔敏：《法律如何裁断科学》，《科技与法律》1994 年第 1 期。
[31] 杜勤等：《论科学违规行为的法律介入》，《自然辩证法研究》2003 年第 3 期。
[32] 李喜英：《自由及其规范：生命科学研究中的伦理、法律规范的建构》，《河北师范大学学报》（哲学社会科学版）2003 年第 3 期。
[33] 谭智华：《权力的法律控制：从实体走向秩序》，《湖湘论坛》2000 年第 5 期。
[34] 谭智华：《行政权力扩张及其法律控制》，《成都行政学院学报》2001 年第 2 期。
[35] 叶必封：《论教师职称授予行为的法律性质》，《江西社会科学》1998 年第 12 期。
[36] 卢建平：《科学研究自由的法律评价》，《浙江大学学报》（社会

科学版）2000 年第 3 期。
[37] 程雁雷：《论司法审查对大学自治的有限介入》，《行政法学研究》2000 年第 2 期。
[38] 袁方：《大学自治与司法审查》，《山东大学学报》2001 年第 6 期。
[39] 唐卫民：《试析大学自治与政府控制》，《沈阳师范学院学报》（社会科学版）1999 年第 1 期。
[40] 夏民、刘国君：《大学自治与司法审查：由学子告母校引发的思考》，《高等工程教育研究》2003 年第 3 期。
[41] 魏勇：《政策“一收就死，一放就乱”的制度分析》，《理论探讨》2002 年第 1 期。
[42] 潘莉娟：《变化着的大学自治的概念》，《哈尔滨师专学报》1996 年第 1 期。
[43] 彭宏斌：《西方大学自治与外部环境的关系》，《高等函授学报》（哲学社会科学版）1998 年第 5 期。
[44] 王德耀、薛天祥：《略论大学自治》，《上海高教研究》1994 年第 2 期。
[45] 滕世华：《治理理论与政府改革》，《福建行政学院福建经济管理干部学院学报》2002 年第 2 期。
[46] 赵景来：《关于治理理论若干问题讨论综述》，《世界经济与政治》2002 年第 3 期。
[47] [美] 马丁·休伊森、蒂莫西·辛克莱：《全球治理理论的兴起》，张胜军编译，《马克思主义与现实》2002 年第 1 期。
[48] 阎康平：《科学界的诚信：舍恩事件始末综述》，《国外科技动态》2002 年第 11 期。
[49] 海榕：《“诚信”在美国》，《中州统战》2002 年第 5 期。
[50] 李朋友：《儒家的诚信思想》，《中共杭州市委党校学报》2002 年第 2 期。
[51] 张友苏：《论制度管理与人本管理》，《江西大学学报》2000 年第 6 期。

[52] 冯向东:《张力下的动态平衡:大学中的学科发展机制》,《现代大学教育》2002 年第 2 期。
[53] 方文:《社会心理学的演化:一种学科制度视角》,《中国社会科学》2001 年第 6 期。
[54] 王伯伟:《21 世纪建筑学科制度的中心转移》,《建筑学报》2001 年第 5 期。